저자 약력

장재훈

(현) 호남대학교 축구학과 교수
축구지도자 1급(KFA)
경기지도자 1급(문화체육관광부)
축구심판 1급(KFA)
한국축구과학회 부회장
호남대학교 축구학과장
호남대학교 축구학과 대학원 주임 교수

(전) 강일여자고등학교 축구 감독
강릉중앙고등학교 축구 감독
제38회 부산 청룡기 고교 축구대회 우승, 최우수 감독상
강원대학교 축구 감독
광주 FC 이사
광주 광산 FC 단장
평창 FC 단장
한국지방대학 특성화사업 Hat-Trick 사업 단장

[저서]
운동과 웰리스. 한미의학, 2008, 공저
체력트레이닝론, 대경북스 2008, 공저
체육측정평가(체육, 운동전문가를 위한). 대경북스, 2009, 공저
운동생리학. 한미의학, 2010, 공저
축구원리. 인맥스디자인, 2016

실기·구술 시험안내

1. 검정기간 및 장소

(1) 검정시설
최종 공고 참고

(2) 조별 코트규격
90m × 100m(해당 고사장 사정에 따라 다소 차이 있을 수 있음)

2. 실기검정 소요장비

(1) 주관단체 준비사항
책상, 의자, 테이블보, 스톱워치, 축구공, 칼라콘, 마커 등

(2) 지원자 준비사항
축구화(천연 및 인조잔디용), 운동복, 보호장비, 개인 식수, 마스크 등

3. 실기평가 영역

(1) 기술분류

대분류	세부 기술
리프팅	발등으로 리프팅, 머리로 리프팅, 인사이드 리프팅, 무릎으로 리프팅, 응용 볼 다루기
패스	인사이드 패스, 아웃사이드 패스, 인스텝 패스, 힐 패스
드리블	인사이드 드리블, 아웃사이드 드리블
슈팅/킥	인사이드 킥, 아웃사이드 킥, 인스텝 킥, 힐 킥, 토 킥

(2) 실기평가 영역

2급 전문스포츠지도사		
영역	내용	평가기준
리프팅 (25)	1. 발등과 무릎으로 응용 볼 리프팅 후 이동	① 볼을 발등, 무릎 등 응용 동작으로 진행하여 안정감있게 정해진 세트를 진행하는가? ② 시선은 볼 중심을 보고 있는가? ③ 이동하면서 리프팅하여 진행하는가? ④ 제한시간 30초 이내에 완료하였는가? 🔵 예 • 발등 및 무릎을 최소 1번 이상씩 합쳐서 총 5회 이상 사용하여 이동하였을 경우만 인정 • 발등 또는 무릎만으로 이동하였을 경우 불인정 | 평가 | 등급 | 득점 | |---|---|---| | 30초 안에 완료 | A | 25 | | 32초 안에 완료 | B | 20 | | 34초 안에 완료 | C | 15 | | 36초 안에 완료 | D | 10 | | 40초 안에 완료 (최소 리프팅은 갈 때 10회, 올 때 10회 이하일 경우) | E | 5 |

실기·구술 시험안내

2급 전문스포츠지도사		
영역	내용	평가기준
패스 (25)	2. 인사이드 패스	① 디딤발의 위치는 볼 옆쪽에 위치하고 발끝은 패스하는 방향과 일치하는가? ② 볼 임팩트 시 발 안쪽으로 정확히 맞추고 발목이 고정되어 있는가? ③ 디딤발이 되는 다리는 무릎을 약간 굽히고 패스하는 발은 공을 밀어내듯이 차고 있는가? ④ 볼이 패스하고자 하는 방향으로 정확히 가는가? ⑤ 제한시간 8초 이내에 완료하였는가? ⑥ 패스 시 세워놓은 콘을 터치할 경우 실패 | 평가	등급	득점
볼을 정해진 구역에 4회 통과시킴	A	25
볼을 정해진 구역에 3회 통과시킴	B	20
볼을 정해진 구역에 2회 통과시킴	C	15
볼을 정해진 구역에 1회 통과시킴	D	10
1회도 통과시키지 못했을 경우 또는 제한시간 8초 안에 모두 시행하지 못하였을 경우	E	5	

2급 전문스포츠지도사		
영역	내용	평가기준
드리블 (25)	3. 인사이드 + 아웃사이드 + 발바닥 응용 드리블	① 드리블의 흐름이 끊이지 않고 자연스럽게 진행되는가? ② 몸의 중심은 낮은 자세를 유지하면서 전방으로 약간 기울이고 있는가? ③ 시선은 볼과 진행방향을 확인하면서 드리블하고 있는가? ④ 볼의 위치가 내 몸 중심에 위치하고 있는가? ⑤ 제한시간 안에 완료하였는가? ⑥ 드리블 시 세워놓은 콘을 터치하면 1초 추가 | 평가	등급	득점
18초 안에 완료	A	25
19초 안에 완료	B	20
20초 안에 완료	C	15
21초 안에 완료	D	10
제한시간 22초 안에 장애물을 통과하지 못함	E	5	

실기·구술 시험안내

2급 전문스포츠지도사			
영역	내용	평가기준	
슈팅 (25)	4. 자유슈팅	① 무릎을 자연스럽게 굽히고, 양팔을 가볍게 벌려 몸의 균형을 잡고 있는가? ② 볼 임팩트 시 시선은 볼을 향하고 있는가? ③ 볼이 목표점까지 힘 있게 향하는가? ④ 킥을 하고자 하는 위치에 정확히 향하는가? ⑤ 제한시간 10초 안에 완료하였는가? ⑥ 슈팅 후 볼이 바운드 없이 골대 그물망에 맞도록 득점하면 성공	
		평가 / **등급** / **득점**	
		볼을 정해진 구역으로 5회 이상 골인시킴	A / 25
		볼을 정해진 구역으로 4회 골인시킴	B / 20
		볼을 정해진 구역으로 3회 골인시킴	C / 15
		볼을 정해진 구역으로 2회 골인시킴	D / 10
		볼을 정해진 구역으로 1회 이하로 골인시키지 못하거나 제한시간 10초 안에 완료하지 못함	E / 5

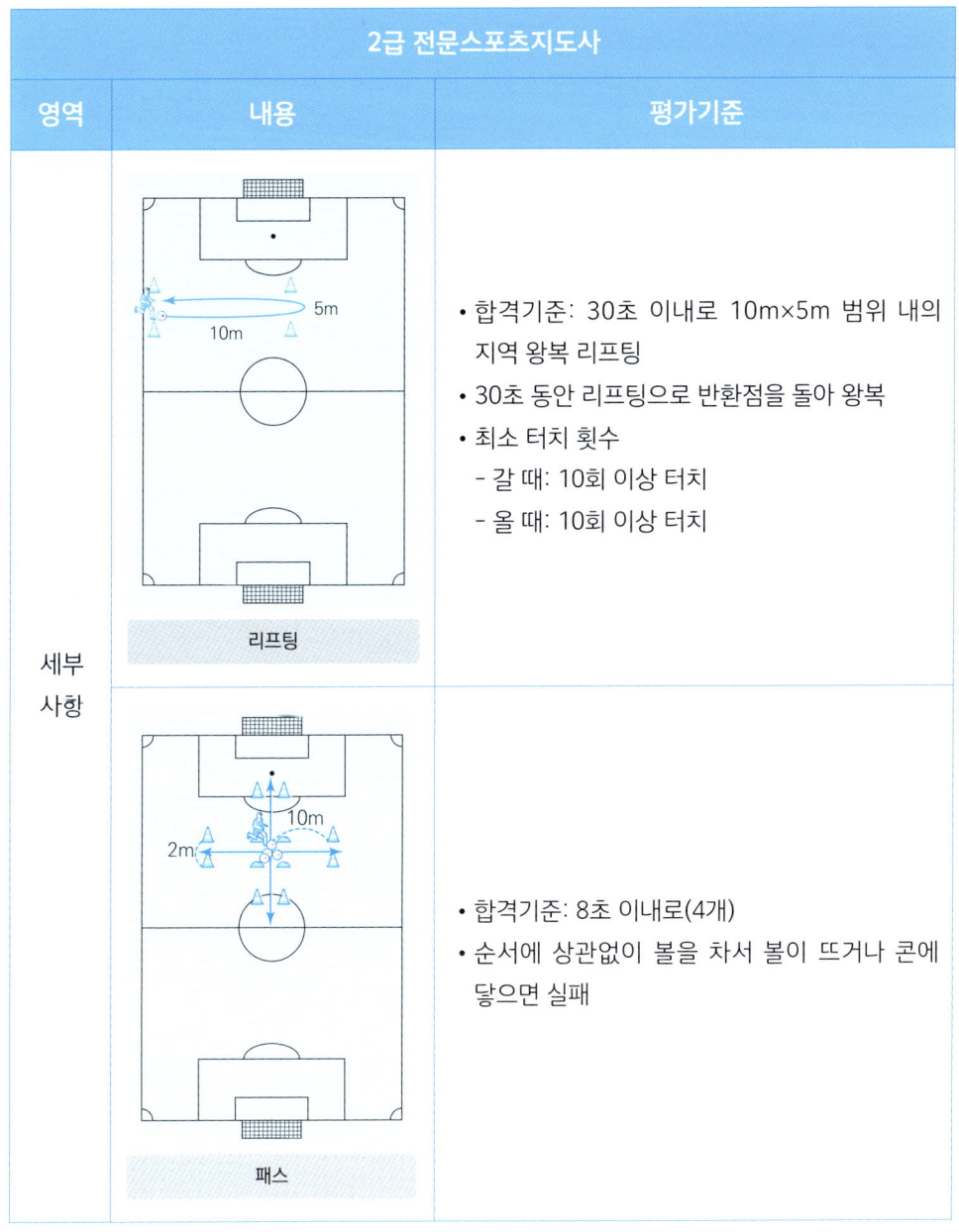

실기·구술 시험안내

2급 전문스포츠지도사		
영역	내용	평가기준
세부 사항	드리블 (3m, 6m 콘 지그재그 코스)	• 합격기준: 18초 이내 왕복 • 세워 놓은 콘 사이로 드리블하여 지그재그로 왕복 통과 • 콘을 터치할 시, 1초 추가
	슈팅	• 합격기준: 10초 이내 성공(5개) • 16.5m 페널티에어리어에서 슈팅, 골대에 득점하면 성공 • 슈팅 후 공이 지면에 닿으면 실패

1급·2급 생활, 유소년, 노인스포츠지도사			
영역	내용	평가기준		
리프팅 (25)	1. 발등과 무릎으로 응용 볼 리프팅 후 이동	① 볼을 발등 → 무릎 순으로 진행하여 안정감 있게 정해진 세트를 진행하는가? ② 시선은 볼 중심을 보고 있는가? ③ 제한시간 10초 이내에 완료하였는가? [세트 인정 예시] • 왼 발등 → 왼 무릎, 오른 발등 → 오른 무릎 가능 • 왼 발등 → 오른 무릎, 오른 무릎 → 왼쪽 발등 불가(세트로 불인정) • 항상 같은 발등 → 무릎으로 진행해야 인정(1세트)		
		평가	등급	득점
		볼을 발등 → 무릎의 순으로 안정감 있게 5세트를 완료함	A	25
		볼을 발등 → 무릎의 순으로 안정감 있게 4세트를 완료함	B	20
		볼을 발등 → 무릎의 순으로 안정감 있게 3세트를 완료함	C	15
		볼을 발등 → 무릎의 순으로 안정감 있게 2세트를 완료함	D	10
		볼을 발등 → 무릎의 순으로 안정감 있게 1세트만 완료하거나 제한시간 10초 안에 완료하지 못함	E	5

실기·구술 시험안내

1급·2급 생활, 유소년, 노인스포츠지도사			
영역	내용	평가기준		

영역	내용	평가기준
패스 (25)	2. 인사이드 패스	① 디딤발의 위치는 볼 옆쪽에 위치하고 발끝은 패스하는 방향과 일치하는가? ② 볼 임팩트 시 발 안쪽으로 정확히 맞추고 발목이 고정되어 있는가? ③ 디딤발이 되는 다리는 무릎을 약간 굽히고 패스하는 발은 공을 밀어내듯이 차고 있는가? ④ 볼이 패스하고자 하는 방향으로 정확히 가는가? ⑤ 제한시간 12초 이내에 완료하였는가? ⑥ 패스 시 세워놓은 콘을 터치할 경우 실패

평가	등급	득점
볼을 정해진 구역에 4회 통과시킴	A	25
볼을 정해진 구역에 3회 통과시킴	B	20
볼을 정해진 구역에 2회 통과시킴	C	15
볼을 정해진 구역에 1회 통과시킴	D	10
1회도 통과시키지 못했을 경우 또는 제한시간 8초 안에 모두 시행하지 못하였을 경우	E	5

1급·2급 생활, 유소년, 노인스포츠지도사		
영역	내용	평가기준
드리블 (25)	3. 인사이드 + 아웃사이드 + 발바닥 응용 드리블	① 장애물을 지나가면서 인사이드, 아웃사이드를 번갈아 사용하고 마지막 장애물에서 장애물 통과 후 발바닥으로 볼을 정지시키는가? ② 드리블의 흐름이 끊이지 않고 자연스럽게 진행되는가? ③ 몸의 중심을 낮은 자세로 유지한 채 전방으로 약간 기울이고 있는가? ④ 시선은 볼과 진행방향을 번갈아가며 드리블하고 있는가? ⑤ 볼의 위치가 내 몸 중심에 위치하고 있는가? ⑥ 제한시간 22초 안에 완료하였는가? ⑦ 드리블 시 세워놓은 콘을 터치하면 1초 추가 | 평가	등급	득점 | |---|---|---| | 22초 안에 완료 | A | 25 | | 24초 안에 완료 | B | 20 | | 26초 안에 완료 | C | 15 | | 28초 안에 완료 | D | 10 | | 제한시간 30초 안에 장애물을 통과하지 못함 | E | 5 |

실기·구술 시험안내

1급·2급 생활, 유소년, 노인스포츠지도사		
영역	내용	평가기준

슈팅
(25)
	4. 자유슈팅	① 무릎을 부드럽게 굽히고, 양팔을 가볍게 벌려 몸의 균형을 잡고 있는가?
		② 볼 임팩트 시 시선은 볼을 향하고 있는가?
		③ 볼이 목표점까지 힘 있게 향하는가?
		④ 킥을 하고자 하는 위치에 정확히 향하는가?
		⑤ 제한시간 15초 안에 완료하였는가?
		⑥ 슈팅 후 볼이 바운드 없이 골대 그물망에 맞도록 득점하면 성공
		
		  | 평가 | 등급 | 득점 |
		  |---|---|---|
		  | 볼을 정해진 구역으로 5회 이상 골인시킴 | A | 25 |
		  | 볼을 정해진 구역으로 4회 골인시킴 | B | 20 |
		  | 볼을 정해진 구역으로 3회 골인시킴 | C | 15 |
		  | 볼을 정해진 구역으로 2회 골인시킴 | D | 10 |
		  | 볼을 정해진 구역으로 1회 이하로 골인시키지 못하거나 제한시간 안에 완료하지 못함 | E | 5 |

영역	내용	평가기준
세부사항	패스	• 합격기준: 12초 이내로(4개) • 순서에 상관없이 볼을 차서 볼이 뜨거나 콘에 닿으면 실패
	드리블	• 합격기준: 22초 이내 왕복 • 세워 놓은 콘 사이로 드리블하여 지그재그로 왕복 통과 • 콘을 터치할 시, 1초 추가

1급·2급 생활, 유소년, 노인스포츠지도사

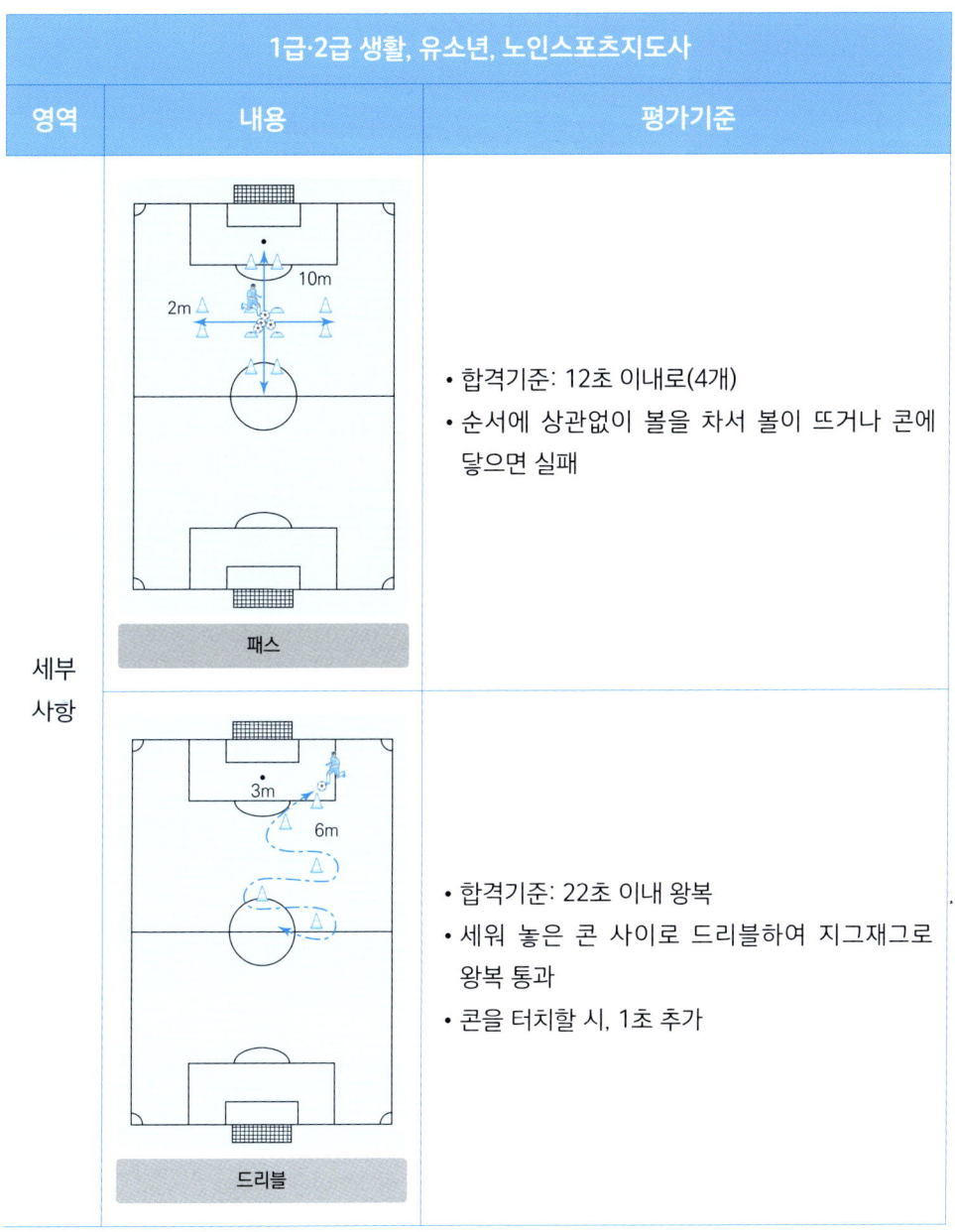

실기·구술 시험안내

1급·2급 생활, 유소년, 노인스포츠지도사		
영역	내용	평가기준
세부 사항	슈팅	• 합격기준: 15초 이내 성공(5개) • 16.5m 페널티에어리어에서 슈팅, 바운드 없이 골대 그물망에 맞도록 득점하면 성공
	리프팅	• 제한시간 10초 이내에 같은 발등 → 무릎으로 1세트, 최대 5번 완료 • 항상 같은 발등 → 무릎으로 진행해야 한다. • 볼을 발등, 무릎 순으로 연결하여 5세트 이상 진행한다. • 제한시간 내에 완료해야 한다.

4 구술평가 영역

(1) 시행방법

규정 2문제(40점), 지도방법 2문제(40점), 태도(20점)

(2) 합격기준

70점 이상(100점 만점)

영역	배점	분야
규정	40점	시설/도구, 경기운영, 반칙/패널티
지도방법	40점	코칭 및 지도방법
태도	20점	질문이해, 내용표현(목소리), 자세·신념, 복장, 용모

※ 위 내용은 구술 검정 준비에 도움을 주기 위한 범위이며, 위 내용 외에 더 추가로 범위를 선정하여 검정할 수 있습니다.

※ 위 내용은 변동 가능하므로 반드시 시행처(www.insports.or.kr/) 또는 주관단체(kfa.or.kr, kfaedu.com)의 최종공고를 확인하시기 바랍니다.

목 차

PART 01 축구 이론 완전정복

CHAPTER 01 축구 일반이론   2

CHAPTER 02 스포츠지도사 일반이론   61

PART 02 축구 실기 완전정복

CHAPTER 01 리프팅   92

CHAPTER 02 패스   99

CHAPTER 03 드리블   103

CHAPTER 04 슈팅   107

PART 03 축구 구술 완전정복

CHAPTER 01 축구 역사와 규정   116
CHAPTER 02 지도방법   127
CHAPTER 03 태도   146
CHAPTER 04 유소년 축구   149
CHAPTER 05 장애인 축구   155
CHAPTER 06 풋살   157
CHAPTER 07 공통질문   165

PART 01

축구 이론 완전정복

CHAPTER 01　축구 일반이론
CHAPTER 02　스포츠지도사 일반이론

CHAPTER 01 축구 일반이론

1 축구의 역사

1) 근대축구의 발달
① 근대축구의 발달은 1840~1860년까지 영국의 사립 중고등학교(Public school)와 대학교 내부에서 시작
② 1863년 영국 축구협회(Football Association; FA) 창설
③ 1883년 국제축구평의회(International Football Association Board; IFAB) 창설
④ 1904년 제3회 세인트루이스 올림픽의 정식 종목으로 채택

2) 월드컵 역사
① 월드컵
  ㉠ 1904년 유럽에서 국제축구연맹(Federation Internationale de Football Association; FIFA) 창설
  ㉡ 1920년 새 회장인 쥴리메(Jule Rimet) 회장을 비롯한 새로운 FIFA 집행부가 선출
  ㉢ 1930년 제1회 월드컵이 1924년과 1928년 올림픽에서 축구 금메달을 차지한 우루과이의 수도 몬테비데오에서 개최되었고 우루과이가 우승
  ㉣ 그 후 올림픽 중간 연도를 택해 4년에 한 번씩 개최하기로 합의하였으나 제3회(1938년) 프랑스대회 이후 12년 동안 2차 세계대전(1939~1945)으로 인해 중단
  ㉤ 1950년 2차 세계대전이 끝나고 제4회 대회가 브라질에서 개최

ⓑ 브라질은 월드컵 5회 우승(1958년, 1962년, 1970년, 1994년, 2002년)으로 가장 많은 우승을 한 나라
　　ⓢ 2022년 제22회 카타르 월드컵 개최

> 💡 **완전정복 TIPS**
>
> **국제축구평의회(International Football Association Board; IFAB)**
> 국제축구평의회는 축구 규정과 경기 방식을 결정하는 협의체로 1886년 국제축구연맹(FIFA) 보다 먼저 창설되었다.
> 경기규칙 변경 제안 안건의 개정은 잉글랜드 축구협회, 스코틀랜드 축구협회, 웨일스 축구협회, 북아일랜드 축구협회를 대표하는 4명과 국제축구연맹을 대표하는 4명을 합해 총 8인으로 구성된 위원 중 6명 이상이 찬성해야 개정안이 통과된다.

3) 한국 축구의 역사

삼국시대부터 소의 방광이나 가죽을 이용한 놀이 형태, 즉 "축국"을 즐겼고 대다수의 국민들이 참여하였다. "축국"은 오늘날 축구로 발전했다고 보고 있다.

표 1 한국 축구의 역사

연도	내용	비고
1882년 6월	영국 함대(플라잉스호) 승무원과 군인에 의해 축구 공차기가 전래됨	
1896년	대한축구 구락부 축구팀 창설	우리나라 최초
1933년	조선축구협회 창설	
1945년 11월	대한체육회 가입	
1947년	세계축구연맹(FIFA) 가입	
1948년 2월	조선축구협회에서 대한축구협회로 개칭	
1948년 7월	제14회 런던 올림픽 첫 대회 출전	
1954년	아시아축구연맹 가입	

연도	내용	비고
1954년	스위스 월드컵 첫 대회 출전	
1980년 12월	한국 최초의 프로팀 창단: 할렐루야	
1983년 5월	한국프로축구 대회 창설: 슈퍼리그 → K-League로 발전	
2002년	한·일 월드컵 개최: 4강 진출	히딩크 감독
2006년	제18회 독일 월드컵: 원정 첫 승	
2010년	제19회 남아프리카공화국 월드컵: 원정 첫 16강 진출	
2021년 11월	K1: 클래식 12개 구단, K2: 챌린지 10개 구단 총 22개 구단	한국프로축구연맹
2022년 11월	월드컵 총 11번째 출전, 10번째 연속 출전: 카타르 월드컵	KFA

2 축구 경기규칙

① 축구장 규격

㉠ 국제공인 경기장의 터치라인 길이는 100~110m, 골라인의 길이는 64~75m이다.

㉡ 센터 서클의 반지름 길이는 9.15m이다.

㉢ 축구경기장은 하프웨이라인(중앙선)을 중심으로 진형이 결정된다.

㉣ 골 에어리어: 골포스트 2개의 각각 안쪽에서 코너 쪽으로 5.5m 되는 곳에서 골라인과 직각이 되게 경기장 안쪽으로 5.5m 길이의 두 개의 선을 그은 후 그 끝을 골라인과 평행이 되게 직선으로 연결한 지역을 말하며, 이 지역은 골키퍼를 보호하기 위한 지역이다.

㉤ 페널티 에어리어: 포스트 2개의 각각 안쪽에서 16.5m 되는 곳에서 골라인과 직각이 되게 경기장 안쪽으로 16.5m 길이의 두 개의 선을 그은 후 그 끝을 골라인과 평행이 되게 직선으로 연결한 지역을 페널티 에어리어라고 한다.

ⓑ 페널티킥 마크: 골포스트 중앙에서 11m 떨어진 지점이다.

ⓢ 페널티 아크의 길이: 페널티 마크에서 9.15m 거리에서 반원 형태로 그어진다.

ⓞ 골대의 규격: 골문의 양 포스트 거리는 7.32m이고, 크로스바의 높이는 2.44m이다.

ⓩ 골대의 굵기: 12㎝ 이하이어야 하며, 라인 굵기와 일치해야 한다.

ⓒ 코너 에어리어: 코너 플랙 포스트에서 반지름이 1m인 1/4(ⓝ)원을 필드 안쪽에 그린다.

ⓚ 코너 플랙 포스트: 높이 1.5m 이상이어야 하고 날카롭지 않아야 한다.

ⓣ 센터 마크: 센터 서클 중앙에 위치하고 킥오프(경기 시작)하는 지점을 말한다.

그림 1 경기장

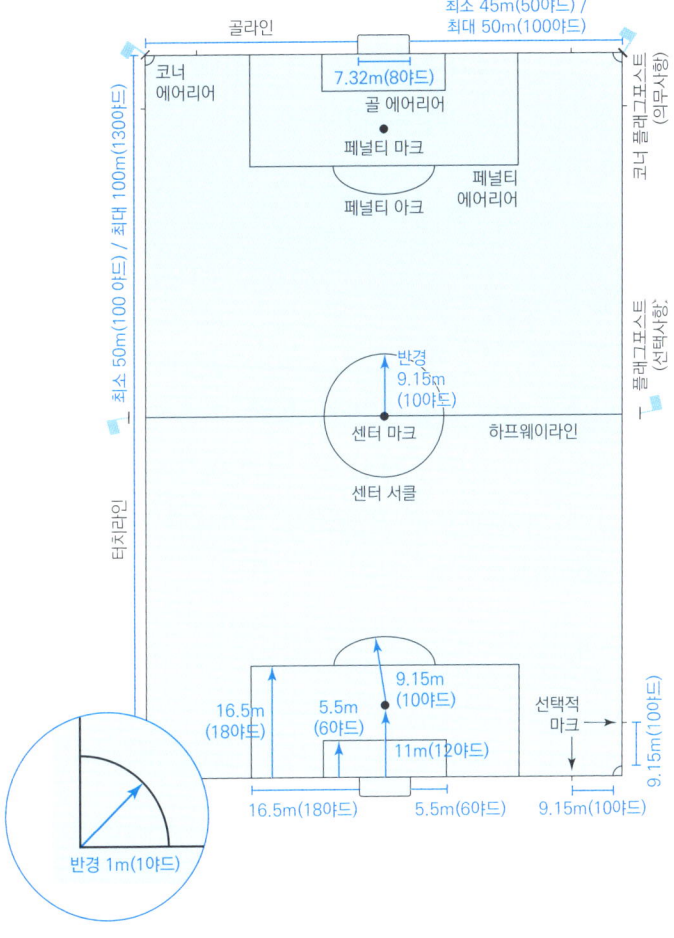

CHAPTER 01 축구 일반이론

② 축구공
- ㉠ 가죽 또는 알맞은 재질의 둥근 모양이어야 한다.
- ㉡ 둘레의 길이: 68~70cm이다.
- ㉢ 무게: 410~450g이다.
- ㉣ 공기압력 : 0.6기압 이상, 1.1기압 이하이다.
- ㉤ 경기 중 볼의 결함이 발생하면 경기를 중단하고 주심의 허락을 받고 볼을 교체한 후 드롭 볼로 경기를 재개한다.
- ㉥ 경기 도중 볼(ball)을 바꾸게 되면 주심의 허락을 반드시 얻어야 한다.

③ 선수 수
- ㉠ 선수 수는 11명을 한 팀으로 구성하고, 이 중 1명은 골키퍼로 구분한다.
- ㉡ 한 팀의 선수 수가 7명보다 적을 때 경기를 시작하거나 계속할 수 없다.
- ㉢ 선수 교체의 수는 국가대표 A팀의 경우 최대 3명이며, 일반 대회는 대회주최 측에서 12명까지 정할 수 있다.
- ㉣ 골키퍼와 역할 교대는 어느 선수라도 가능하며 경기가 중단되었을 때 주심의 허락을 받아야 한다.

④ 선수의 장비
- ㉠ 상의, 하의, 양말, 정강이 보호대, 축구화, 골키퍼용 장갑을 착용할 수 있다.
- ㉡ 선수의 안전을 위해 목걸이, 반지, 팔찌, 귀걸이, 고무 밴드 등과 같은 장신구는 착용할 수 없으며, 장신구를 덮기 위한 테이핑은 허락하지 않는다.
- ㉢ 머리 보호대, 안면 보호대, 무릎과 팔 보호대를 착용할 수 있고, 골키퍼의 경우 모자와 스포츠 안경 착용도 가능하다.

⑤ 축구심판 구성
- ㉠ 주심 1명
- ㉡ 부심 2명
- ㉢ 대기 심판 1명
- ㉣ 추가 부심 1명

ⓜ 예비 부심 1명

ⓗ VAR과 AVAR 최소 1명

⑥ 주심의 권한과 임무

ⓘ 경기규칙을 준수하고 다른 심판들과 협조하여 경기를 관리한다.

ⓛ 시간 측정과 경기 기록을 하고, 징계 조치와 함께 경기 전·중·후에 발생한 사건을 기록한 경기보고서를 해당 기관에 제공해야 한다.

ⓒ 경기를 관장하고 플레이 재개해야 하는 권한과 임무가 있다.

⑦ 주심이 VAR의 도움을 받을 수 있는 상황

ⓘ 골/노(No) 골

ⓛ 페널티킥/노(NO) 페널티킥

ⓒ 다이렉트(direct) 퇴장(두 번째 경고가 아님)

ⓡ 주심이 경고 또는 퇴장을 주는 상황에서 반칙한 팀의 선수를 착각했을 때

⑧ 부심의 임무

ⓘ 코너킥, 골킥, 스로인을 위한 방향 지시

ⓛ 오프사이드 반칙 선언

ⓒ 선수 교체를 위한 선언

ⓡ 페널티킥에서 볼이 킥 되기 전에 골키퍼가 골라인을 벗어나 움직였는지에 대한 판단

ⓜ 페널티킥에서 골에 대한 판단

ⓗ 경기 중 반칙 지점에서 9.15m 조절

⑨ 대기 심판의 임무

ⓘ 선수 교체 절차 관장

ⓛ 선수와 교체 선수의 장비 점검

ⓒ 주심의 신호/승인에 따른 선수의 재입장을 관장

ⓡ 대체 볼(ball)의 관리

ⓜ 추가 시간 표시

ⓑ 기술 지역 안에 있는 사람들이 무책임한 행동을 할 때 주심에게 통보

⑩ 추가 부심의 임무

　㉠ 득점 시 볼(ball)이 골라인을 완전히 넘었는지를 판단

　㉡ 코너킥, 골킥이 어느 팀에게 주어져야 하는지를 판단

　㉢ 페널티킥에서 볼(ball)이 킥 되기 전에 골키퍼가 골라인을 벗어나 움직였는지를 판단

　㉣ 페널티킥에서 볼(ball)이 골라인을 넘었는지를 판단

⑪ 경기 시간과 하프타임 시간

　㉠ 경기 시간은 전후반 모두 45분씩 총 90분

　㉡ 하프타임 시간은 15분을 초과할 수 없고, 연장전 하프타임 시간은 1분을 초과할 수 없음

　㉢ 경기 시간에 참작되는 상황

　　• 선수 교체

　　• 부상 선수 상태 검진 또는 이송

　　• 시간 낭비

　　• 징계 처벌

　　• VAR 체크 및 리뷰와 관련된 시간 지연

　　• '음료 브레이크', '쿨링 브레이크'를 줄 수 있음

💡 완전정복 TIPS

음료 브레이크 · 쿨링 브레이크

대한축구협회는 선수 보호의 목적으로 2020년 대회 규정을 개정하여 '음료 브레이크'와 '쿨링 브레이크'를 도입하였다.

- 음료 브레이크: 선수의 수분 공급을 위한 시간으로 1분의 시간을 줄 수 있다.
- 쿨링 브레이크: 높은 습도와 온도 등 특정 기상 상황을 고려하여 '쿨링 브레이크'로 1분 30초에서 3분의 휴식을 줄 수 있다.

⑫ 오프사이드

    ㉠ 오프사이드는 하프웨이라인을 넘어 상대편 진형에서 최종 수비수 두 번째 선수보다 골라인에 더 가까이 있고, 볼(ball)에 직접적으로 관여, 방해, 이득을 취했을 때 오프사이드 반칙이 적용됨

    ㉡ 오프사이드 반칙을 범하게 되면 상대팀에게 간접 프리킥을 부여함

    ㉢ 오프사이드 위치에 있지만, 선수가 골킥, 스로인, 코너킥 상황에서 직접 볼(ball)을 받으면 오프사이드 반칙이 아님

⑬ **직접 프리킥**: 다른 선수에게 연결하지 않고 직접 득점이 가능한 킥으로서 해당하는 반칙의 종류는 아래와 같음

    ㉠ 차징(charging): 주로 어깨와 팔 윗부분으로 밀치거나 덮치는 행동

    ㉡ 점핑(jumping): 뛰어 덤벼들었을 때

    ㉢ 키킹(kicking): 차거나 차려고 시도하였을 때

    ㉣ 푸싱(pushing): 밀었을 때

    ㉤ 스트라이킹(striking): 때리거나 때리려고 시도하였을 때

    ㉥ 태클(tackles): 태클 또는 도전, 걸거나 걸려고 시도하였을 때

    ㉦ 핸드볼(handball): 손이나 팔에 공이 닿아 이득을 취하였을 때

    ㉧ 홀딩(holding): 상대를 붙잡았을 때

    ㉨ 신체접촉을 통해 상대를 방해하였을 때

    ㉩ 스피팅(spitting): 다른 사람을 깨물거나 침을 뱉었을 때

    ㉪ 상대방, 심판을 향해 물체를 던지거나 갖고 있는 물체를 이용하여 볼을 접촉하였을 때

⑭ **간접 프리킥**

    ㉠ 위험한 플레이를 했을 때

    ㉡ 진로 방해: 볼(ball)과 관계없이 상대방의 진행을 방해하였을 때

    ㉢ 비신사적인 행위: 판정에 항의, 공격적, 모욕적, 욕설이 담긴 언어 또는 몸짓을 사용하거나, 언어적 반칙행위를 했을 때

    ㉣ 골키퍼가 볼(ball)을 방출할 때 방해 또는 볼(ball)을 차거나 차려고 시도했을 때

ⓜ 경기규칙에 언급되어 있지는 않지만, 경고 또는 퇴장을 주기 위해 경기를 중단하는 반칙을 범했을 때
ⓗ 골키퍼가 페널티 에어리어 안에서 6초 이상 손으로 볼(ball)을 다루었을 때
ⓢ 골키퍼가 페널티 에어리어 안에서 볼(ball)을 방출한 후 다른 선수가 터치하기 전 다시 볼(ball)을 손으로 터치하였을 때
ⓞ 동료 선수가 골키퍼에게 의도적으로 킥한 볼(ball)을 골키퍼가 페널티 에어리어 안에서 손으로 터치하였을 때
ⓩ 동료 선수가 스로인한 볼(ball)을 골키퍼가 페널티 에어리어 안에서 손으로 터치하였을 때
ⓒ 간접 프리킥은 반드시 다른 선수를 거쳐서 골이 되었을 때 득점으로 인정된다.
ⓚ 주심은 자신의 팔을 머리 위로 올려 반드시 간접 프리킥이라는 신호를 해야 한다.

표 2 직접 프리킥과 간접 프리킥

구분	직접 프리킥	간접 프리킥
해석	다른 선수를 거치지 않고 직접 득점이 가능한 프리킥	반드시 다른 선수들 거쳐서 득점을 해야 하는 프리킥
주심 신호법	주심의 손은 공격 방향을 가리킨다.	주심은 팔을 머리 위로 똑바로 올린다.

주심의 행동	방향 지시	주심은 킥이 실시된 뒤 다른 선수가 볼(ball)을 터치하거나 아웃 오브 플레이될 때까지, 또는 직접 득점이 되지 않을 것이 분명할 때까지 그 자세를 유지한다.

⑮ **페널티킥**

ⓐ 페널티킥을 차는 선수 또는 동료 선수가 규칙을 위반하였을 경우
- 골이 되었다면 킥을 다시 차도록 함
- 골이 되지 않았다면 플레이를 중단시키고 간접 프리킥으로 재개

ⓑ 득점 여부와 관계없이 아래의 경우 플레이는 중단되고 상대편의 간접 프리킥으로 재개
- 페널티킥을 페널티킥 마크 뒤쪽으로 킥을 하였을 경우
- 차기로 했던 키커의 팀 동료가 킥을 하였을 경우 - 킥한 선수에게 경고
- 키커가 달리는 동작을 끝낸 뒤 속임 동작을 하여 킥을 하였을 때 킥한 선수에게 경고

ⓒ 골키퍼가 반칙을 범했을 때
- 골이 되었다면 득점으로 인정한다.
- 골키퍼가 볼이 골 안으로 들어가는 것을 막았을 경우 킥을 다시 차게 한다.
- 노골이 되었다면 킥을 다시 한다.

ⓓ 골키퍼의 팀 동료가 반칙을 범했을 때
- 골이 되었다면 득점으로 인정한다.
- 골이 되지 않았다면 킥을 다시 찬다.

⑯ **스로인**

ⓐ 스로인 한 볼(ball)이 상대 팀 골문에 직접 들어가면 상대팀에게 골킥을 준다.

ⓑ 볼(ball)이 스로인 한 선수 자신의 골문에 직접 들어가면 상대팀에게 코너킥을 준다.

ⓒ 스로인 절차는 다음 3가지를 충족해야 한다.

- 필드를 보고 스로인을 해야 한다.
- 두 발의 일부가 터치 라인 위 또는 터치 라인 밖의 지면에 있어야 한다.
- 볼(ball)이 필드를 나간 지점에서 두 손으로 머리 뒤로부터 머리 위를 지나도록 하여 던져야 한다.

㉣ 상대 팀 선수들은 스로인 지점의 터치 라인에서 최소 2m 떨어져야 한다.

⑰ 골킥

㉠ 볼(ball)은 정지되어 있어야 하며, 수비팀 선수는 골 에어리어 안의 어느 지점에서나 킥을 할 수 있다.

㉡ 볼(ball)이 킥이 되고 명백히 움직였다면 인플레이가 된다.

⑱ 코너킥

㉠ 수비팀의 선수가 마지막으로 터치하여 득점이 되지 않은 상태에서 볼(ball) 전체가 지면 또는 공중으로 골라인을 넘어갔을 때 코너킥이다.

㉡ 코너킥은 직접 득점이 가능하다.

㉢ 킥한 볼(ball)이 키커의 골문으로 들어갔다면 상대팀에게 코너킥을 준다.

⑲ 비디오 보조 심판(Video Assistant Referee; VAR) 원칙

㉠ VAR 심판은 독립적으로 경기 영상에 접근할 수 있는 심판이며, '명확하고 명백한 실수' 또는 '중대한 상황을 놓친 경우'에 한하여 주심을 도와줄 수 있다.
- 골/노(No)골
- 페널티킥/노(No) 페널티킥
- 다이렉트 퇴장
- 신원 오인(반칙한 팀의 다른 선수에게 주심이 경고나 퇴장을 준 경우)

㉡ 주심은 판정을 해야 하며, 주심이 판정을 내리지 않고 VAR을 사용하여 결정하는 것은 허용하지 않는다.

㉢ 비디오 리뷰를 통해 '명확하고 명백한 실수'임이 드러나는 판정을 제외하고는 주심이 처음 내린 결정이 번복되어서는 안 된다.

ㄹ 오직 주심만 '리뷰'할 수 있으며, VAR 심판(다른 심판)은 주심에게 '리뷰'할 것을 권유하는 것만 가능하다.

ㅁ VAR 심판을 통하거나 '온필드리뷰'(OFR)를 통해 얻은 정보를 기반으로 한 최종 판정은 언제나 주심에 의해서 내려진다.

ㅂ 정확한 판단을 위하여 리뷰 진행을 위한 시간은 제한을 두지 않는다.

ㅅ 판정 리뷰 시 선수나 팀 임원이 주심을 둘러싸서 최종 결정에 영향을 주면 안 된다.

ㅇ 투명성을 보장하기 위해 주심은 리뷰를 하는 동안 보이는 곳에 있어야 한다.

ㅈ 만약 리뷰가 필요한 장면 후에 플레이가 계속될 경우, 해당 상황 이후에 징계가 필요한 행위가 나오면 당초 판정이 바뀌더라도 징계 조치는 취소되지 않는다. 그러나 유망한 공격 기회 저지 또는 방해나 명백한 득점 기회 방해로 인한 경고/퇴장은 당초 판정이 바뀌면 취소된다.

ㅊ 경기가 중단되었다가 재개되었다면 주심은 리뷰를 할 수 없다. 그러나 신원을 오인했거나, 난폭한 행위, 침 뱉기, 깨물기, 극단적으로 공격적이고 모욕적이며 욕하는 몸짓으로 퇴장 가능성이 있는 반칙이 발생한 경우는 제외한다.

ㅋ 감독과 선수는 리뷰를 요청할 수 없다.

3 축구 이론

① 패스의 3대 요소

ㄱ 정확성

ㄴ 강약 조절

ㄷ 타이밍

② 현대 축구의 흐름과 특징

ㄱ 볼(ball) 점유율 축구

ⓒ 볼(ball)을 중심으로 선수들이 역동적인 움직임 추구
ⓒ 빌드업을 전제로 전방 압박과 중원 압박 시도
ⓔ 빠른 템포에 의한 스피드 공격 축구
ⓜ 정확하고 신속한 패스
ⓗ 최전방 공격라인과 최종 수비라인 간격 유지(20~30m)

| 그림 2 전술 라인

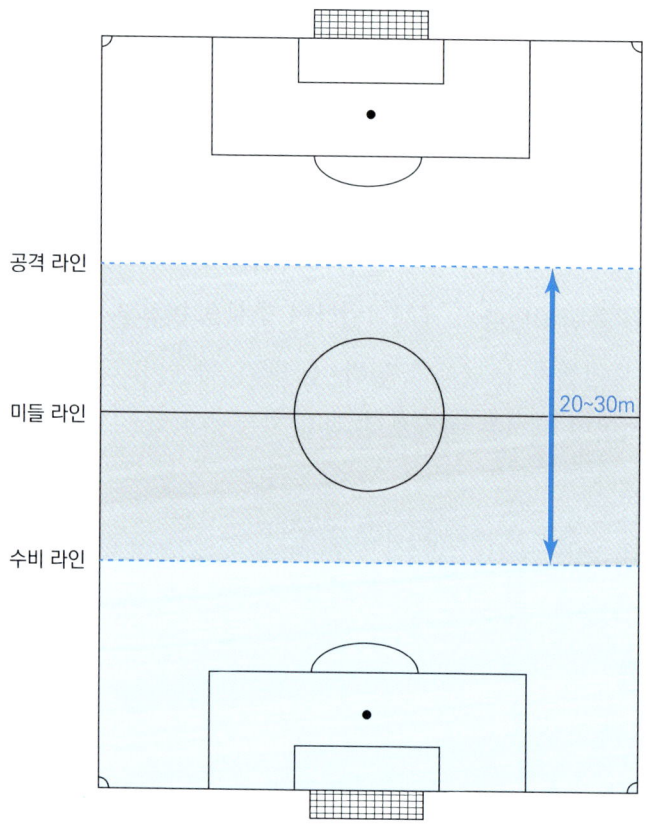

③ 볼 점유율이 갖는 전술적 이점

ⓐ 경기의 템포를 보다 효과적으로 조절하여 상대 팀 체력을 소진시킬 수 있고, 상대적으로 우리 편의 체력 안배가 가능하다.
ⓑ 볼(ball) 소유권을 갖고 안정된 플레이로 창의성을 발휘하여 상대편 밀집 수비를 공략하기가 수월하다.

ⓒ 게임 분위기를 우리 편이 유도하는 데로 끌고 갈 수 있고, 수비의 허점을 찾기가 쉽다.

ⓔ 전술적 측면에서 빠른 공/수 전환이 쉬우며, 전방 압박, 콤팩트(Compact) 한 선수 간격 유지가 가능하다. 선수와 선수 간격은 2~5m 유지를 말한다.

④ **압박**(pressing): 현대 축구에서 압박은 새로운 공격을 위한 전초전이고 또 다른 공격의 시작을 의미한다. 계획과 조직적이지 못한 압박은 체력 소실을 크게 가져오고 공격의 빌미를 제공한다.

ⓘ 압박해야 하는 6가지 이유(why)
- 공간과 시간을 주지 않기 위해
- 주위를 보지 못하게 하여 상황 인지 능력을 떨어뜨리기 위해
- 선택의 여유를 주지 않기 위해
- 실수를 유발하기 위해
- 움직임을 제한하기 위해
- 지역 방어를 할 수 있는 시간을 확보하기 위해

ⓛ 압박은 어떻게(how) 하는가?
- 볼(ball)에서 가장 가까운 선수부터 압박을 시작한다.
- 볼(ball)을 중심으로 한쪽 사이드(side) 방향으로 추격하고 좁은 공간을 선택한다.
- 볼(ball)을 추격한 방향으로 패스가 다시 연결되지 못하게 각을 죽이면서 계속 압박을 시도한다.
- 방향을 선택한 후 공격 라인, 미드필드 라인, 수비 라인이 일괄적으로 간격을 좁히고 적극적인 자세로 압박을 시도한다.
- 타이밍을 맞춰야 한다.
- 횡패스를 유도하여 기습 공격을 위한 기회로 만든다.
- 전방 압박과 중간(미들) 압박을 할 것인지 선택해야 한다.
- 드리블을 유도해야 한다.
- 조직적으로 움직임을 가져야 한다.

ⓒ 압박은 언제(when) 하는가?
- 볼(ball)을 빼앗긴 후
- 볼(ball) 소유한 상대가 백 패스할 때
- 첫 번째 터치가 불안정할 때
- 볼(ball)을 소유한 선수가 자기 진형으로 돌아서 있을 때
- 볼(ball)을 소유한 선수 진형으로 돌아서서 플레이 할 때
- 위험지역으로 들어왔을 때
- 횡패스가 이어질 때
- 상대 진형 코너 부근에서 풀백으로 공이 연결될 때

⑤ 축구의 교육적 목적

　ⓐ 개인 역량 개발의 목적
　ⓑ 관중과 팬들의 욕구를 대리 만족시킬 수 있는 역량을 개발하여 사회에 공헌하는 목적
　ⓒ 사회적 적응과 함께 개인의 미래 지향적인 안녕을 보장받을 수 있는 목적
　ⓓ 이러한 목적을 달성하기 위해 축구 교육은 완성된 인간을 추구하고 있으며 올바른 축구 실천과 건강한 생활을 추구하는 태도나 방법을 양성해야 한다.

⑥ 올바른 축구인의 정신

　ⓐ 정정당당한 승부사의 기질
　ⓑ 팀을 위한 희생정신
　ⓒ 동료와 함께 할 수 있는 협동심
　ⓓ 책임감 있는 플레이
　ⓔ 팬 서비스를 위한 매너
　ⓕ 인성을 갖춘 축구인이 되기 위한 노력
　ⓖ 인내와 자제력을 향상시켜 성숙한 사회성 함양
　ⓗ 존중하는 마음가짐

⑦ **축구의 가치**: 축구가 갖는 의미는 매우 다양하게 적용되고 있지만, 생리학적, 심리학적, 사회학적으로 미치는 영향은 돈으로 환산할 수 없을 만큼 다양하고 크게 작용하기 때문에 축구의 가치는 매우 높다고 할 수 있다.

㉠ 생리학적 가치
- 축구를 통한 신체활동은 근력, 근지구력, 심폐지구력, 협응력 등을 발달시킴
- 축구를 통한 신체활동은 건강을 증진시킴
- 축구를 통한 신체활동은 운동기능을 발달시킴

㉡ 심리학적 가치
- 자신감 증진 및 회복
- 스트레스 해소
- 삶의 질 개선
- 정서적 안정
- 성취감 회복 및 향상

㉢ 사회학적 가치

표 3 사회학적 가치와 내용	
협동심 향상	축구 경기는 팀플레이를 원칙으로 하기 때문에 사회성 발달에 기여한다.
책임감 향상	감독, 선수, 관중 등 각자의 위치에서 주어진 임무나 의무를 성실히 수행한다. 일반적으로 축구를 배우면서 책임감에 대한 의식과 실천을 스스로 터득한다.
사교성	축구 경기는 팀 스포츠라는 점에서 동료, 코치, 감독, 팬들과 원만한 관계 형성을 통해 사교성을 함양하여 사회성을 발달시킨다.
예의	그라운드 안에서의 예의, 경기 중 상대 선수를 존중, 관중에 대한 예의, 코치, 감독에 대한 예의 등 어려서부터 몸으로 실천하여 사회성을 터득한다.
규칙과 질서	선수와 지도자들은 경기규칙을 준수해야 가치를 창출하고 질서를 지켜야 원만한 축구 경기가 진행되며 축구 문화 조성이 가능하다는 것을 배운다.
약속 이행 및 시간 엄수	훈련, 미팅, 집합 시간을 이행하면서 사회성을 함양한다.

자제력	경기규칙을 준수하고 경기 동안 감정을 제어하면서 자제력을 함양한다.
의지력	고강도 훈련을 이겨내고 덥고 추운 환경에 적응하면서 강한 의지력을 함양한다.
관용	선수들은 단체 생활을 하면서 팀 동료를 이해하고 팀 동료애를 갖게 됨에 따라 잘못이나 부족한 선수를 돌아볼 수 있는 정신을 배양하게 된다.

⑧ 축구 지도자들의 리더십 향상 원리

　㉠ 솔선수범: 말보다는 행동으로 실천하는 지도자

　㉡ 자신감 부여: 성공적 경험을 유도하고 칭찬을 통한 동기부여

　㉢ 소신감: 원칙을 정해 놓고 선수와 팀을 운영

　㉣ 카리스마: 온화함, 부드러움, 명확성, 냉철함 등 적시 적소에 필요한 모습을 갖고 있어야 한다.

　㉤ 목표 설정: 팀 또는 선수들이 가능한 목표를 설정하여 목표 의식을 갖고 성취할 수 있는 기회를 제공한다.

⑨ 축구 선수들의 ATP 생성을 위한 필수 3대 영양소

　㉠ 탄수화물($C_6H_{12}O_6$)

　　• 사람을 포함한 모든 생물체에서 가장 빠르게 사용되고 에너지를 저장할 수 있는 기능을 가지고 있는 에너지 원료이다.

　　• 탄소(C), 수소(H), 산소(O_2)로 구성되어 있다.

　　• 탄수화물의 분해로 얻어지는 에너지는 1g에 약 4kcal의 에너지를 생성할 수 있다.

　㉡ 지방($C_{16}H_{32}O_2$)

　　• 몸속의 지방은 생명체를 유지하고 신체활동을 위한 가장 중요한 에너지원이다.

　　• 지방을 이용해 얻을 수 있는 에너지는 1g에 약 9kcal의 에너지를 생성할 수 있다.

ⓒ 단백질
- 단백질의 에너지 이용률은 약 5~10% 수준에서만 가능하다.
- 단백질을 이용해 얻을 수 있는 에너지는 1g에 약 4kcal의 에너지를 생성할 수 있다.

⑩ 축구 선수 포지션별 에너지 시스템

| 표 4 축구 포지션별 에너지 시스템 의존율

Unit %

포지션	ATP-PCr	젖산 시스템	유산소 시스템
골키퍼(GK)	80	10	10
수비수(DF)	60	20	20
미드필드(MF)	60	30	10
공격수(FW)	70	10	20

㉠ 골키퍼
- 페널티 에어리어 내의 좁은 공간에서 활동하고 능동적인 반응보다는 수동적인 반응에 의해 신체의 움직임이 결정된다.
- 대부분의 에너지 시스템 의존율은 ATP-PC 시스템 80%, 젖산 시스템 의존율 10%, 유산소 시스템 의존율 10% 수준이다.

㉡ 수비수: ATP-PC 시스템 60%, 젖산 시스템 의존율 20%, 유산소 시스템 의존율 20% 수준이다.

㉢ 미드필드: ATP-PC 시스템 60%, 젖산 시스템 의존율 30%, 유산소 시스템 의존율 10% 수준이다.

㉣ 공격수: ATP-PC 시스템 70%, 젖산 시스템 의존율 10%, 유산소 시스템 의존율 20% 수준이다.

⑪ 축구 경기분석의 필요성

㉠ 축구 경기는 90분 동안 약 2,000가지의 동작들이 지속으로 일어난다.
㉡ 개인의 운동능력과 팀의 조직력을 기반으로 한다.

ⓒ 90분 동안 다양한 이벤트가 일어나는데 인간이 기억할 수 있는 능력은 한계가 있다.

ⓔ 감독들은 전반 종료 후 45%, 경기 종료 후 42% 수준의 기억만 가능하다.

ⓜ 코칭을 위해 운동기능을 정확하게 분석하고 평가하는 것이 중요하다.

ⓗ 주관적인 방법이 아니라 피드백을 통한 발전지향적이어야 한다.

ⓢ 경기 영상분석은 경기 중 상황을 어떻게 개선하고 객관화시킬 수 있는지 주된 방법을 찾을 수 있게 한다.

⑫ 경기분석 분류

㉠ 양적 분석
- 스포츠 현장에서 일어나는 하나의 행동을 부호화하여 기록한 후 데이터 통계분석에 의한 확률 적용이라고 할 수 있다.
- 축구 경기에서 볼 점유율, 패스 성공률, 공격 루트에 의한 공격률, 세트 피스 성공률, 유효 슈팅, 이동 거리, 운동 강도 등을 요인으로 분석할 수 있다.
- 훈련 중 운동 강도 조절과 적용을 위해 분석 데이터를 활용할 수 있다.
- 경기 중 선수 교체 타이밍을 잡을 수 있다.
- 새로운 훈련 프로그램을 구성하고 계획하는 데 활용할 수 있다.

㉡ 질적 분석
- 축구 지도자, 선수들에게 피드백을 제공하는 데 큰 의미가 있다.
- 질적 분석을 통해 선수 행동에 대한 원인을 밝혀내고 결과와 연결하여 다음 상황을 예측하고 대비할 수 있다.
- 경기의 흐름과 경기 패턴을 관찰하고 분석할 수 있는 눈과 인지능력을 갖고 있어야 질적 분석이 가능하다.
- 현장에서 지도하는 지도자들은 공격과 수비를 할 때 어떤 루트를 거쳐 플레이가 전개되는지에 대한 정보를 받고 싶어 한다.

⑬ 경기분석에서 개인 분석: 축구 경기분석 중 개인분석에 있어서 다음과 같은 주요한 사항을 체크하고 피드백을 받을 수 있도록 정보를 제공해야 한다.

㉠ 기술적 평가
- 볼을 받을 당시 첫 번째 터치가 간결하면서 볼을 소유하고 있는가를 평가해야 함
- 첫 번째 터치 후 다음 동작을 빠르게 연결하고 반응하며 결정할 수 있는 해결 능력을 갖추고 있는가를 평가해야 함(기술적 평가)
- 정확한 인지능력을 갖고 빠른 두뇌 회전이 가능한가?(전술적 평가)
- 포지션별 기술이 잘 갖추어져 있는가?
- 질적인 패스 능력이 있는가?

㉡ 정신적 평가
- 경기에 임하는 자세와 의지 평가
- 상대 선수와 팀에 대한 경쟁력 평가
- 경기에 대한 집중력 평가
- 자신감 평가
- 팀에 대한 헌신감 평가
- 창조적인 플레이를 하려는 시도와 상상력 평가

㉢ 체력적 평가
- 속도(스피드) 변화를 할 줄 아는가?
- 기동성을 갖고 있는가?
- 게임 체력(경기에서 필요한 근력과 지구력)을 갖고 있는가?

⑭ **경기분석에서 팀 분석**: 축구 경기분석에 있어서 팀 분석은 전술적인 측면과 팀플레이를 고려하여 분석

㉠ 전술적 평가
- 전술에 대한 인지능력이 일치하는가를 평가
- 3라인(FW 라인, MF 라인, DF 라인)을 유지하는가?
- 선수와 선수 간격을 유지하는가?
- 전술적 이해와 포메이션 특성을 이해하고 실천하는가?
- 세트피스의 특성이 있는가?

ⓒ 정신적 평가
- 볼을 중심으로 협공 플레이를 하는가?
- 팀을 생각하고 플레이에 적극성을 갖고 있는가?
- 팀의 리더가 있는가?
- 선수들의 의지력 수준을 평가한다.
- 팀의 응집력 수준을 평가한다.

⑮ 축구 전술 및 전략

표 5 축구 전술 2대 포인트

포인트	내용
① 전원 공격·전원 수비	• 볼을 소유하는 순간부터 공격으로 전환하고 볼을 상대편에게 소유권을 넘겨주는 순간부터 수비로 전환된다. • 공격의 경우 3라인(FW, MF, DF) 간격을 유지하고 전원 공격으로 가담해야 하고, 수비 시에는 전원 3라인을 내려 수비로 전환해야 한다. • 현대 축구에서 공수 전환이 경기 승패를 결정하는 중요한 요인으로 작용한다.
② 최후의 목적은 골이다.	• 전술의 최후 목적은 상대편 골대에 골을 넣는 것이다. • 전술은 득점과 실점을 막기 위한 하나의 과정에 불과하다.

㉠ 전술의 개념: 사전적 정의는 전쟁 또는 전투 상황에 대처하기 위한 기술과 방법을 말하는 것으로서 축구 경기에서 승리하기 위해 개인, 그룹, 팀이 사용하는 기술과 방법의 총체적인 것이 전술이다.

ⓒ 전략: 전술보다 상위 개념을 갖고 있고 축구 경기에서 승리하기 위해 조직적 시스템을 구축하고 체계적인 계획을 수립하여 전술을 실천하는 과정을 말한다.

표 6 축구 전술의 종류

전술 종류	내용
① 개인 전술	• 개인 전술은 선수 개인의 기술, 위치, 움직임 등 모든 기술적 부분을 의미한다. • 선수 개인의 팀 전술에 대한 이해와 적응도 포함된다. • 개인 전술은 그룹 전술 및 팀 전술의 전제 조건이 된다.
② 그룹 전술	• 그룹 전술은 부분 전술이라고도 할 수 있다. • 개인 전술을 기반으로 자기 편 선수 2명 이상 조직적으로 플레이를 하는 것을 말한다. • 볼을 중심으로 얼마만큼 선수의 수적 우세를 두는 것인가가 경기를 풀어가는 관건이 된다.
③ 팀 전술	• 개인 전술과 그룹 전술의 합이라고 볼 수 있다. • 선수 개개인의 능력과 특성을 고려한 팀 전술이 필요하다. • 포메이션은 팀 전술을 위한 도구이지 포메이션 자체가 전술은 아니다. • 최종 공격(FW) 라인, 미드필드(MF) 라인, 수비(DF) 라인, 즉 3라인을 유지해야 한다. • 빌드업이 가능해야 한다. • 압박에 대한 이해와 실현이 가능해야 한다. • 경기의 흐름을 파악하고 경기 조율이 가능해야 한다. • 경기 상황에서 위기 상황 극복 능력을 갖추고 있어야 한다. • 날씨, 온도, 습도, 기압, 그라운드, 관중 등 외적 경기 요인에 대처할 수 있는 능력이 필요하다. • 개인 기술과 강인한 정신력, 집중력이 병행되어야 한다.

표 7 개인 전술의 4가지 원칙

개인 전술	내용
① 먼저 보고 먼저 생각하라	• 경기 중 우리 편과 상대편 선수의 움직임을 파악하고 어떻게 플레이할 것인가를 생각해야 한다. • 패스를 받기 전 우리 편 선수의 위치를 확인하고 어떻게 패스할 것인가를 생각해야 한다.
② 볼을 기다리지 말라	• 패스를 받을 때에는 반드시 앞쪽으로 나가면서 볼을 받는다. • 볼을 받을 수 있는 타이밍을 맞춰 앞으로 튀어 나가야 한다. 그래야 편히 볼을 받을 수 있다.

개인 전술	내용
③ 신속한 볼 컨트롤	• 신속한 볼 컨트롤을 위해서는 볼을 바운드시키면 안 된다. • 신속한 볼 컨트롤과 함께 목적 있는 컨트롤을 해야 한다.
④ 플레이가 끝나면 즉시 움직인다.	• pass and go • 패스 후 빈 공간으로의 움직임이 필요하다. • 그렇게 함으로써 마크에서 벗어날 수 있다. • 그렇게 함으로써 패스의 길을 열어줄 수 있는 공간을 만들어주게 되는 것이다.

표 8 팀 전술을 위한 3가지 조건

조건	내용
① 공격과 수비	• 경기 중의 상황은 공격과 수비 상황으로 전개된다. 볼을 소유하는 순간부터 공격이 시작되는 것이고 소유권을 넘겨주는 순간부터 수비로 전환하게 된다. • 전원 공격, 전원 수비가 팀 전술의 시작이 된다.
② 공격 지역(FW)· 준비 지역(MF)· 수비 지역(DF)·	• <그림 3>에서 보는 바와 같이 경기장을 3분의 1로 등분하여 공격, 준비, 수비지역으로 구분한다. • 수비(후방) 지역은 우리 지역으로, 수비에 전담해야 하는 지역으로, 구분하고 이 지역에서는 적극적인 맨투맨 형태의 수비 전술이 필요하다. • 준비(중반) 지역은 미드필드 지역이며, 공격을 만들어가는 준비 지역이며 수비 상황에서는 상대 공격을 지연시키고 우리 수비 전형을 준비시키는 지역이다. • 공격(전방) 지역은 득점이 용이한 지역이고 득점을 하기 위해서는 플레이가 간결하고 결정적이어야 한다. • 공격 지역에서 볼의 소유권을 상대편에게 넘겼을 때는 바로 수비로 전환하여 전방 압박을 시도해야 하는 지역이다.
③ 포지션	• 현대 축구에서 포지션의 개념을 GK(골키퍼)를 제외하고 특별하게 구별하지는 않는 추세이다. • 전술적 의미로 보면 최전방 공격(FW), 중앙에 미드필드(MF), 후방에 수비(DF) 라인을 형성하여 3라인 구축이 전술의 필수요건이다. • 포지션을 크게 공격, 미드필드, 수비의 포지션으로 나누지만 세로 형태로 볼 때 좌측 사이드백, 사이드 미드필드 등으로 구분한다.

▌그림 3 전술 지역(공격, 미들, 수비)

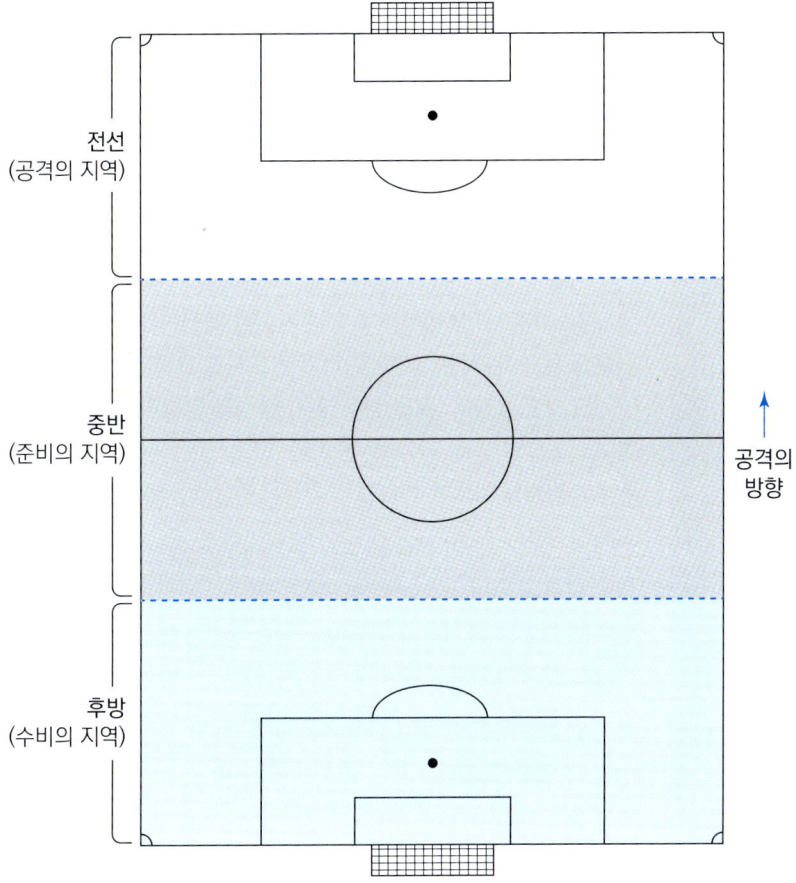

ⓒ 공격 전술
- 전술에서는 공격은 볼을 소유하는 순간부터 시작이고 수비는 볼의 소유권을 상대편에게 넘겨주는 순간부터 수비라는 개념을 꼭 기억해야 한다.
- 공격 전술의 목적은 골이며, 득점의 목적을 갖는다. 득점을 위한 6가지의 플레이는 다음과 같다.

표 9 6가지 공격 전술

① 속공 플레이	• 수비 전형을 갖추기 전 속공 플레이는 득점을 위한 가장 효율적인 공격 전술이다. • 수비 지역에서 최전방 공격수에게 롱킥을 통한 속공 플레이 • 공격권을 갖는 순간 원-투 패스에 의한 전원 공격 형태의 속공 플레이
② 공격의 템포 조절	• 수비 전형을 갖추기 전 공격은 롱 킥에 의한 속공 플레이가 필요하다. • 수비 전형을 갖춘 후라면 지공으로 템포 조절을 통해 빈 공간을 공략해야 한다.
③ 게임메이커	• 미드필드(MF) 지역에서는 속공과 지공을 적절하게 배합하여 공격의 패턴을 조율할 수 있는 게임메이커가 반드시 필요하다. • 경기의 흐름을 빨리 읽고 상황 인지 능력과 경험이 풍부한 선수가 적합하다. • 2~3회의 짧은 패스 후 반대로 전환하는 긴(long) 패스가 기본이 된다.
④ 수비를 좌우로 흔들어야 한다.	• 현대 축구에서 수비 전술은 압박을 전제로 촘촘한 선수 배열로 수비 전형을 갖추고 있다. • 이러한 전형을 공략하기 위해서는 오른쪽에서 왼쪽으로 왼쪽에서 오른쪽으로 긴 패스를 통한 수비 전형을 흔들어야 수비 간격이 벌어진다.
⑤ 개인 전술 적용	• 공격 전술의 기본은 개인 전술이고, 1대1 돌파 능력이다. • 수비 전형을 갖춘 후 조직 플레이로 수비 전형을 뚫기는 쉽지 않다. 이런 경우 개인 전술인 개인 드리블로 수비벽을 뚫어야 한다.
⑥ 골 앞에서의 전술	• 골(득점)은 슛에 의해 얻어지는 결과이다. 그러기 때문에 골문 앞에서 냉철한 판단과 과감한 슛이 필요하다. • 측면 크로스(짧은 크로스와 긴 크로스)에 의한 슛이 필요하다. • 삼각 패스에 의한 돌파 후 슛이 필요하다. • 골문 앞의 수비수를 등지고 우리 편 선수와 교차하는 스크린플레이로 수비를 따돌리고 슛을 해야 한다. • 외곽 중거리 슛: 20m 이상 • 짧은 크로스 후 니어 포스트(near post) 방향으로 문전 쇄도로 득점 • 문전에서 세컨드 볼(second ball)에 대한 예측이 뛰어나야 득점이 쉽다.

㉣ 수비 전술: 수비의 개념은 볼에 대한 소유권이 상대팀에게 넘어가는 순간부터 시작이다. 수비의 목적은 볼을 빼앗는 목적도 있지만, 위험 지역에서 안전 지역으로 볼을 몰아내는 목적도 포함된다. 이러한 목적을 달성하기 위한 가장 효율적인 방법이 수비 전술이다.

표 10 수비 전술

① 뺏기면 추격하라	• 볼을 뺏기면 볼에서 가장 가까운 사람은 강력하게 볼을 추격해야 한다. • 전원 수비 태세로 돌입해야 한다. • 볼을 추격하고 전원 수비 형태로 준비하는 동안 상대 선수의 실수를 유도하게 된다.
② 밀착 마크	• 위험 지역에 들어오면 상대편 공격수를 수비수 가슴에 품을 정도로 적극적인 맨투맨 수비가 되어야 한다. • 맨투맨 수비의 원칙은 상대 공격수와 나 그리고 골문이 직선으로 연결되는 위치를 확보해야 한다는 것이다.
③ 볼과 상대를 동시에 관찰	• 수비는 볼과 함께 상대 마크할 선수를 같은 시야에 두어야 한다. • 일반적으로 볼에 집중하다 보면 내가 마크해야 할 공격선수를 놓쳐서 실점하는 경우가 많다.
④ 수비의 수적 우위	맨투맨 또는 존 디펜스 전술에 있어서 수비의 수적 우위는 커버링을 통해 실점을 최소화할 수 있다.
⑤ 시간 지연	볼에서 가까운 수비는 우리 편 수비수가 수비 전형을 갖출 수 있는 시간을 벌기 위해 최대한 시간을 지연시키고 기다릴 줄 알아야 한다.
⑥ 상호작용	• 후방 수비에서 전체적 수비를 지휘하는 컨트롤타워가 있어야 한다. • 대부분 골키퍼 또는 센터백 중 한 사람이 말을 전달함으로써 상호작용 효과를 볼 수 있다.
⑦ 수비 진형을 깊게 설정	• 볼에서 가장 가까운 1라인(공격)/2라인(미드)/3라인(수비)을 3겹으로 겹겹이 포진하여 안정감을 갖게 한다. • 선수와 선수 간격을 촘촘하게 세운다.
⑧ 태클 거리 유지	패스가 진행되는 순간 태클 또는 슬라이딩으로 볼을 뺏을 수 있는 거리를 유지해야 한다.

⑯ 시스템(포메이션)의 역사와 특징

  ㉠ 2-백 시스템(2-back system)

- 1930년경까지 가장 많이 사용한 시스템이다.
- 현재 사용하고 있는 포지션의 호칭은 2-백 시스템(2 back system)이 근원이 되었다.
- 특징은 2명의 풀백(FB)이 최후방의 페널티 에어리어 전면을 담당한다.
- 2명의 풀백 앞에 3명의 센터 하프(LH, CH, RH)가 포진하여 상대편 공격(IR, CF, IL)을 방어하는 수비 역할을 담당한다.
- 공격 상황에서는 빌드업을 유도하고 패스를 전진시키는 수비형 미드필더의 역할을 담당한다.

| 그림 4 2-백 시스템

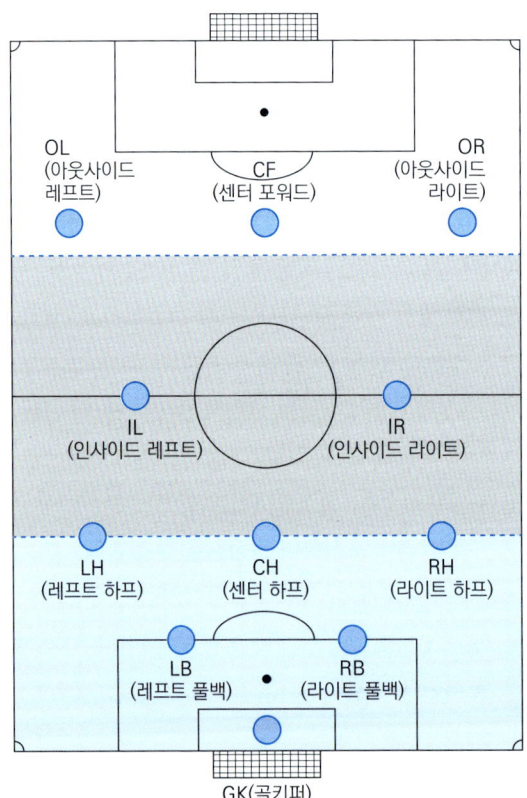

💡 완전정복 TIPS

축구 시스템(포메이션)

- 축구 시스템(포메이션)은 시대와 더불어 변천되었고, 세계 메이저 대회를 기점으로 크게 영향을 받아왔다. 특히 월드컵은 축구 시스템을 발전시키는 데 지대한 공헌을 하였다. 초기의 "차고 달리는(kick and run)" 축구에서 조직적이고 체계성을 갖춘 시스템은 현대 축구에서 승패를 좌우하는 결정적 요인으로 작용하고 있다.
- 축구 시스템의 역사적 변천은 경기규칙 중 제11조에 해당하는 오프사이드 규정이 채택된 이후의 변천 과정을 설명하고자 한다.
- 경기 중 11명의 선수가 효율적 플레이를 하기 위해 구역별로 선수를 배치한 것이 시스템이다.
- 시스템의 변화는 메이저(major) 국제경기(international match)를 통해 수정 보완되어 발전하였고 3라인(FW/MF/DF)을 유지하고, 선수와 선수 간격은 2~5m 유지하는 것이 기본이며, 선수의 능력과 특성을 고려하여 포지션을 배치해야 한다.

ⓒ 3-4-3(WM 시스템) 포메이션
- 2-백 시스템에서 상대의 강력한 공격(CF)을 담당하기에 버겁다고 판단하여 2-백 시스템에서 센터 하프(CH)를 중앙으로 끌어내려 3명의 백을 형성하도록 하여 수비의 안정을 도모하였다.
- 1930~1950년대에 걸쳐 가장 일반적으로 많이 사용하였다.
- 하프웨이라인을 중심으로 5명은 수비, 5명은 공격의 임무가 명확하게 구분되었다.
- 킥을 중심으로 WM 포메이션을 사용하였다.
- 수비에 5명의 인원이 포진하기 때문에 수비의 안정감을 갖는다는 이점이 있다.
- 킥 위주의 공격이 이뤄지기 때문에 공격의 패턴이 단조롭다는 단점이 있다.
- 3-5-2 포메이션과 비교하여 미드필더 수가 적기 때문에 허리가 약하다는 단점이 있다.

| 그림 5 3-4-3(WM 시스템)

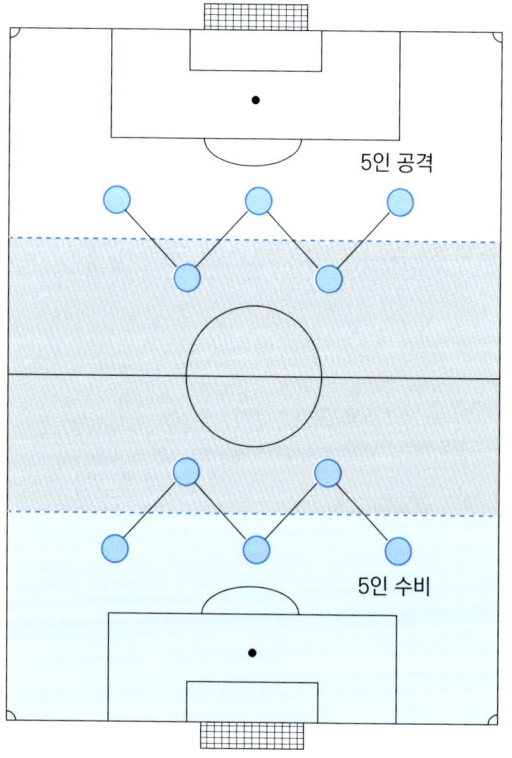

ⓒ 4-2-4 포메이션
- 1958년 월드컵 축구에서 브라질이 우승하면서 세계 각지로 널리 보급되어 사용되었다.
- 〈그림 6〉에서 보는 바와 같이 최후방 수비에 4명, 중반에 2명, 전방 공격에 4명의 선수를 배치한다.
- 중앙 미드필더 2명의 선수는 공격 상황에서 공격으로 가담하여 6명의 공격을 형성하고 수비 상황에서는 수비로 가담하여 6명의 수비를 형성하는 특징을 갖는다.
- 중앙 미드필더 2명이 공격과 수비 상황에 대처하기 위해서 체력적 부담이 크게 작용한다는 단점을 갖는다.
- 이러한 부담을 줄여 주기 위해서 공격 4명 중 1명을 최전방 공격라인보다 1단계 아래에 배치한다.

| 그림 6 4-2-4 시스템

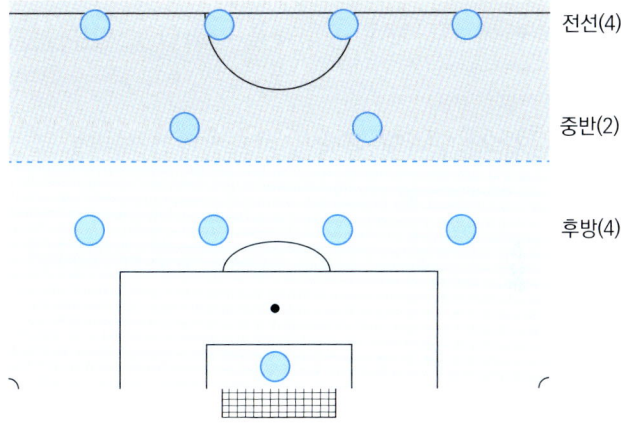

㉔ 4-3-3 포메이션
- 1966년 영국이 월드컵에서 4-3-3 시스템으로 우승을 하였다.
- 1970년 브라질이 월드컵에서 4-3-3 시스템으로 우승하면서 현대 축구의 주류를 이뤘다.
- 1970년대 4백이 성행하였지만, 현대 축구에서 사용하는 4백의 개념과는 차이가 있다〈그림 7〉.
- 〈그림 7〉과 같은 형태는 3백 형태에서 1명의 스위퍼(sweeper)를 전제로 한 시스템이다.
- 〈그림 7〉의 포메이션에서 맨투맨 수비 시 3명의 수비라인을 커버하고 리베로(libero) 역할을 담당하는 것이 특징이라고 할 수 있다.
- 〈그림 7〉 형태의 스위퍼는 공격 상황에서 공격을 지원하는 리베로 역할을 담당한다.
- 현대 축구에서 4백은 빌드업을 전재로 일자(----) 수비를 통해 상대 공격진에게 공간을 제공하지 않는다는 장점을 갖고 있다〈그림 8〉.
- 윙백이 오버랩에 가담하여 공격력을 강화할 수 있다는 장점을 갖고 있다〈그림 8〉.
- 윙백의 오버랩 시 윙백의 공백을 미드필더가 커버할 수 있어 수비의 안정을 기할 수 있다〈그림 8〉.
- 윙백의 활동 범위가 넓고 다양한 전술을 펼칠 수 있다는 장점이 있다〈그림 8〉.
- 미드필더 수가 상대적으로 적기 때문에 수비 측면에서 불리하다〈그림 8〉.

| 그림 7 4-3-3 포메이션1
CB가 더드백 형태로 처져서 플레이

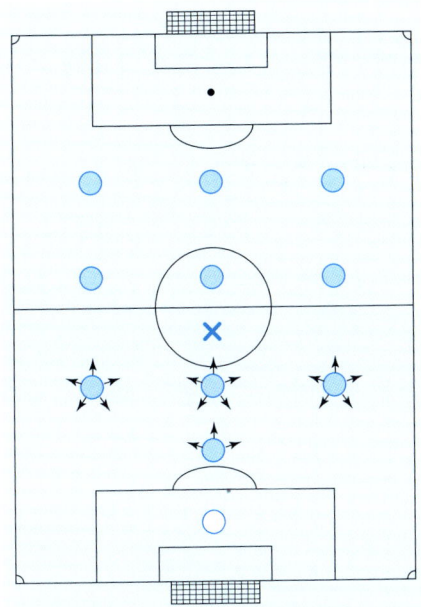

| 그림 8 4-3-3 포메이션2

완전정복 TIPS

축구 시스템(포메이션)
- 스위퍼(sweeper): 스위퍼란 "청소부"라는 뜻으로 맨투맨 수비 상황에서 수비 라인을 커버하고 뒷정리를 하는 포지션이라는 개념이다.
- 리베로(libeero): 리베로는 이탈리아어로 "자유로운 사람"이라는 뜻을 갖는다. 스위퍼 개념에 공격을 이끄는(leading) 역할까지 포함된다고 볼 수 있다.

㉤ 3-5-2 포메이션
- 1990년 이탈리아 월드컵에서 독일 팀이 우승하면서 3-5-2 포메이션의 우수성을 입증하였다.
- 5명의 미드필더를 공격형, 수비형, 윙백 자원으로 다양하게 활용할 수 있는 장점이 있다.
- 5명의 미드필더를 확보하기 때문에 경기의 주도권을 장악할 수 있다는 장점이 있다.
- 5명의 미드필더가 다양한 플레이에 가담하기 때문에 체력 소모가 크다는 단점이 있다.
- 1명 또는 2명의 볼란치를 두기 때문에 지나치게 수비적인 성향이 있다는 단점이 있다.

| 그림 9 3-5-2 포메이션

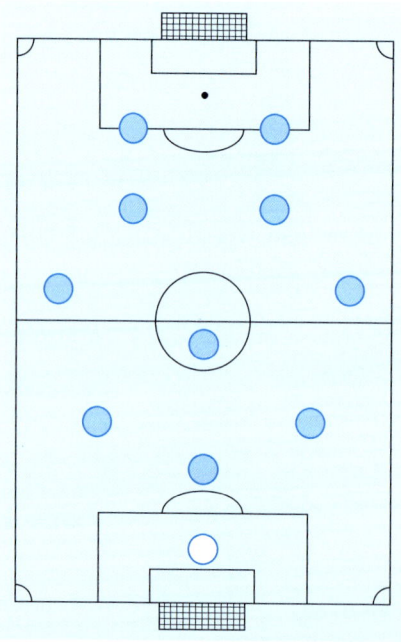 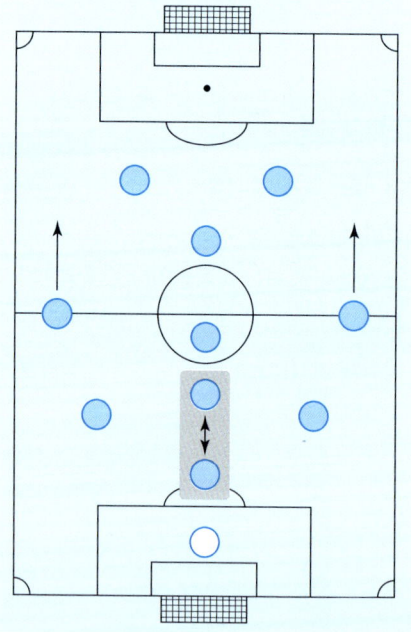

ⓗ 4-4-2 시스템
- 최전방 2톱의 공격수(FW)가 4백의 수비라인을 앞으로 끌어내고 제2선에서 4명의 미드필더가 공간 침투 목적을 갖는다.
- 공격(FW), 미드필더(MF), 수비(DF) 3라인 간격을 유지하고, 공격과 수비의 조화를 이룰 수 있다는 장점이 있다.
- 2선과 3선에서 침투 공격을 할 수 있다는 장점이 있다.
- 4-4-2 간격을 유지하기 위해서는 체력 안배가 중요하다.
- 체력이 떨어질 경우 4-4-2 간격을 유지할 수 없어 팀 균형이 깨진다는 단점이 있다.

ⓘ 맨투맨 수비(Man-to-Man Defense)
- 전담 마크를 정해 놓고 하는 전술을 말한다.
- 지역을 구분하고 위험 지역에 공격수들이 들어오면 맨투맨 수비로 전환한다.
- 위험 지역에서 마크하는 선수를 가슴에 품을 정도로 적극적인 수비를 원칙으로 한다.
- 체력적 문제와 수비 유인에 의한 빈 공간 제공이라는 문제점이 있다.
- 맨투맨 수비는 3가지의 수비 원칙을 준수해야 실점을 최소화 한다〈그림 10〉,〈그림 11〉,〈그림 12〉.

> **완전정복 TIPS**
>
> **수비의 3대 원칙**
> ① 볼과 상대 공격수를 같은 시야에 두어야 한다<그림 10>.
> ② 볼-나-문: 볼과 수비자인 "나" 그리고 문전(골대)을 대각선으로 유지한다<그림 11>.
> ③ 상대 공격수와 정당한 거리 유지가 필요하다<그림 12>.

- 〈그림 10〉과 같이 볼(ball)이 수비자인 내 위치에서 멀리 떨어진 반대쪽에 있을 때 볼과 상대 공격수를 같은 시야에 두어야 한다.
- 실점 상황을 분석해 보면 볼의 흐름만 파악하고 내 맨투맨 상대 공격수의 움직임을 파악하지 못할 때 실점을 하게 된다.

│그림 10 볼-상대 공격수를 같은 시야에 둔다.

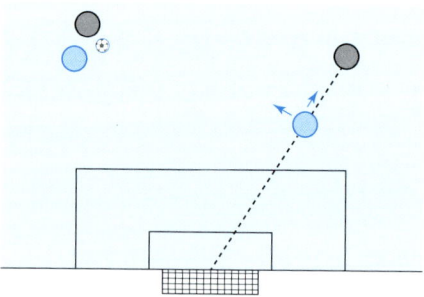

- 〈그림 10〉의 수비 원칙을 유지하면서 〈그림 11〉과 같이 "볼"과 수비자인 "나" 그리고 "문전(골대)"을 대각선으로 유지해야 한다.

│그림 11 볼-나-문: 대각선 유지

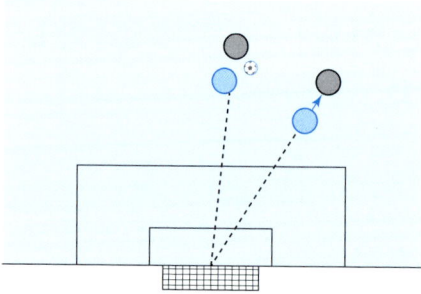

- 〈그림 10〉, 〈그림 11〉과 같이 수비의 원칙을 유지하면서 상대 공격수에게 볼이 연결될 때 언제든지 태클로 저지하고 가로채기 할 수 있는 거리를 유지해야 한다.

| 그림 12 인터셉트할 수 있는 거리 유지

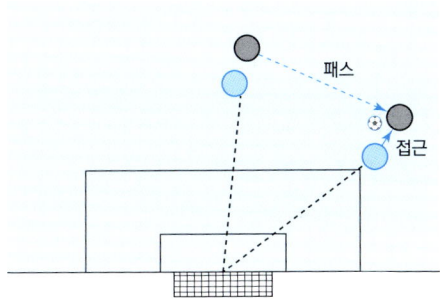

◎ 존-디펜스(John Defense)
- 체력적 문제와 수비 유인에 의한 빈 공간 제공이라는 맨투맨 수비의 문제점을 보완하기 위한 전술이다.
- 볼(ball)을 중심으로 각각의 수비 지역을 나누고 상대 공격선수가 디펜스 존에 들어오면 적극적인 수비 형태로 전환한다.
- 디펜스 존에서 위험 지역으로 상대 공격선수가 더 깊이 들어오면 맨투맨 수비로 전환한다.
- 수비수의 체력을 안배하여 효율적인 수비를 할 수 있다는 장점이 있다.
- 수비수의 간격을 촘촘히게 전열을 세우고 커버 시스템을 구축하는 것이 효율적이다.

| 그림 13 맨투맨 수비와 존-디펜스

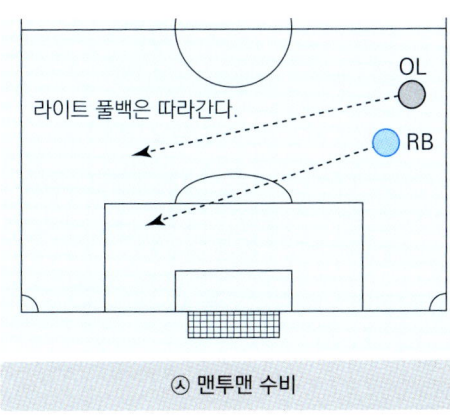
Ⓐ 맨투맨 수비

◎ 존 수비

ⓧ 축구 전략 수립을 위한 내적 요건
- 선수의 몸 상태
- 선수의 정신 상태
- 선수의 심리적 상태

ⓧ 축구 전략 수립을 위한 외적 요건
- 그라운드 상태
- 경기장 온도, 습도, 풍속 및 풍향, 기후
- 관중
- 언론 및 매스미디어 등

⑰ 축구 선수를 위한 트레이닝

㉠ 축구 선수들을 위한 트레이닝 구성 요소는 질적 요소와 양적 요소로 구분할 수 있다.

표 11 트레이닝 구성요소

질적 요소	운동 형태	• 유산소성 운동 또는 무산소성 운동 등 • 웨이트트레이닝(Weight Training) • 인터벌트레이닝(Interval Training) • 스몰사이드 게임(Small-Sided Game)
	운동 강도	• 운동프로그램 구성 시 가장 중요한 요건 • 운동 강도 적용은 운동 형태에 따라 다름 • 동일한 운동일지라도 목적에 따라 다르게 적용 • 절대 강도: 일정 시간 내 진행된 거리 • 상대 강도: 최대강도에 대한 비율(%)
양적 요소	지속 시간	• 초(sec), 분(min), 시간(hr)의 단위로 정해짐 • 정해진 운동 강도로 얼마나 오래 지속하는가를 말함 • 반복: 쉬지 않고 1회 반복하는 데 소요되는 시간 • 세트: 반복 + 휴식에 소요되는 시간 • 세션: 세트/회(day)에 소요되는 시간
	운동 빈도	1일, 1주일, 1개월 등의 시간 단위에서 수행되는 운동프로그램의 실시 횟수

	운동 기간	운동프로그램을 얼마나 오랫동안 실시하여야 운동의 효과가 나타나는지를 의미함

ⓒ 축구 선수들을 위한 트레이닝 원리는 과부하 원리, 점증성 원리, 전면성 원리, 개별성 원리, 반복성 원리, 특이성 원리, 가역성 원리가 있다.

표 12 트레이닝 원리

과부하 원리	생리적 작용을 촉진할 수 있는 중간 정도의 운동 강도를 통하여 운동 자극을 주어야 운동 효과를 볼 수 있다는 원리이다.
점증성 원리	운동 부하와 양을 일정한 주기 동안 적용한 후 적응 현상이 나타날 때 새로운 부하와 양을 늘려주는 계단식 적용 방법을 말한다.
전면성 원리	• 축구 선수들의 경우 모든 체력 요소를 균형 있게 발달시켜야 한다. 예 순발력, 민첩성, 근력, 근지구력, 유연성, 심폐지구력 등
개별성 원리	• 개인의 특성을 고려하여 트레이닝을 시키는 것이 운동의 효율성을 높일 수 있다. 예 축구 포지션별, 왼발을 주로 사용하는 선수, 장신 선수를 이용한 훈련 등
반복성 원리	기관이나 계통의 생리적 변화가 일어나기 위해서 장시간에 걸친 반복 훈련이 필요하다. 축구 기술은 매일 반복된 훈련에서 습득된다.
특이성 원리	• 특정 근육의 기능을 개선하기 위해 동일한 근육군의 수축과 이완을 일으키는 운동을 선택해야 한다. 예 벤치프레스를 통한 대흉근 발달은 대흉에 자극이 가해질 수 있도록 가슴에 힘을 주고 수축과 이완을 해야 함
가역성 원리	• 규칙적인 트레이닝을 통해 축구 선수들은 신체적 발달을 가져올 수 있다. • 하지만 부상 등 여러 가지 원인으로 인해 트레이닝을 중단하게 되면 축구 선수들의 신체 기능이 트레이닝 이전 단계로 되돌아오는 원리를 말한다. 예 십자인대 수술 후 일정 기간이 지나면 근력이 감소하는 현상

ⓒ 축구 경기력에 영향을 미치는 요인
- 체력
- 기술
- 전술
- 심리적 요인

ⓔ 축구 선수들을 위한 트레이닝 구성 4단계

표 13 트레이닝 구성 단계

단계	구성	내용
1	도입	• 축구 선수들을 위한 도입단계에서는 훈련 목적과 목적 달성을 위한 방법을 구체적으로 설명한다. • 이 과정에서는 선수들이 훈련에 대한 충분한 이해가 필요하다. • 5분을 초과하지 않아야 한다.
2	준비 운동	• 심장 및 근육을 점진적으로 자극하여 체온 상승으로 인해 각 기관이 준비할 수 있는 시간을 줌으로써 상해 예방과 운동기능을 발휘할 수 있도록 준비하는 과정이다. • 기온이나 환경에 따라 차이는 있겠지만 15-20분을 초과하지 않는다.
3	본 운동	• 트레이닝의 목적을 달성할 수 있는 운동프로그램으로 구성한다. • 시간은 일반적으로 90-120분을 초과하지 않는 것을 권장하며, 주기화 훈련에 따라 시간은 더 감소 또는 증가할 수 있다. • 체계적인 훈련프로그램이 필요하다.
4	정리 운동	• 준비 운동의 반대 개념이다. • 심장에서 보내진 혈액이 말초혈관을 거쳐 정맥혈로 회귀될 때 도움을 주고, 근육에 축적된 젖산의 제거를 위해 낮은 강도에서 약 10분에서 15분을 초과하지 않는 것이 바람직하다. • 본 운동에서 주로 사용하였던 근육 위주로 풀어주고 전신 스트레칭을 권장한다.

ⓜ 준비 운동의 목적
- 체온과 근육의 온도 상승
- 산소 활성을 촉진
- 뼈대 근육의 대사 증진
- 본 운동에 대한 반사시간 감소
- 근육과 관절의 상해 예방
- 심리적 안정감 상승

ⓑ 본 운동의 목적
- 훈련계획에서 설정한 목표 달성
- 기술, 전술, 체력 발달
- 경기력 향상

ⓢ 정리 운동의 목적
- 젖산 피로물질 제거
- 근육 통증 및 근육 경직 예방
- 인체의 향상성 강화

ⓞ 유소년 선수 트레이닝 계획
- 모든 스포츠 종목에서 트레이닝 계획 수립을 위해서는 트레이닝 주기화 모델을 고려한 프로그램 구성이 필요하다.
- 특히 주기화 모델은 선수들이 훈련 목표를 향해 책임 의식을 갖고 훈련을 실행할 수 있도록 구성되어야 한다
- 유소년 축구 선수들의 경우 올바른 훈련 적용이 세계적인 선수를 만들어 내는 원초적인 요인이 된다는 것을 명심해야 한다. 주기화 모델은 크게 준비단계, 경기단계(시즌기), 전이단계로 구성할 수 있다〈표 14〉.

표 14 축구 선수 주기화 모델 구성

단계	기간	내용
준비 단계	12월-2월	• 준비단계 기간은 6-8주 정도이다. • 기초체력과 게임체력을 목표로 한다. • 기술 및 전술훈련을 통해 팀 빌딩을 하는 기간이다. • 축구 경기에서 필요한 심리적 요인을 발달시켜야 한다. • 경기단계가 다가오면 짧고 폭발적인 체력 요인 발달에 치중해야 한다. • 연습경기를 통해 전술 및 개인 기술을 점검한다.
경기 단계	3월-11월	• 경기단계는 시즌 기간을 의미한다. • 파워와 스피드 유지를 위한 체력훈련에 중점을 둬야 한다. • 경기 결과에 대한 분석과 상대 팀에 따른 전술, 심리, 정신적 준비에 초점을 두고 훈련한다. • 최고의 컨디션 유지를 목표로 한다. • 최고의 경기력 발휘를 목표로 한다. • 경기 후 빠른 피로 회복을 목표로 한다.
전이 단계	11월-12월	• 다음 시즌을 준비하는 단계이다. • 경기단계로 인한 부상 및 정신적 피로한 상태를 치유하는 기간이며 심리적 안정감을 회복하는 단계이다. • 높은 강도와 많은 훈련량을 감당해야 하는 준비단계를 대비하기 위해 운동 종목과 운동량을 조절해야 한다.

ⓒ 주기화 모델에 따른 주간 훈련계획
　・주간 훈련은 하단의 〈그림 14〉에서 보는 바와 같이 전이단계, 준비단계, 경기단계로 구분하여 프로그램이 구성되었으며 운동시간, 운동 강도, 훈련 내용 중심으로 설명하고자 한다.
　・경기단계에서 주간 계획은 시합이 무슨 요일에 있는가에 따라 일정이 변경된다는 것을 명심해야 한다.

그림 14 주기화 모델에 따른 주간 훈련 계획〈youth training3〉

요일	월	월	월	화	화	화	수	수	수	목	목	목	금	금	금	토	토	토	일	일	일
항목	기술	기술및이론	미팅		기술및전술	기술및전술	기술및전술	기술및전술	기술및전술		연습게임기술및전술		기술	기술및전술		격주연습게임	기술전술시합	기술및전술		격주연습게임	시합
강도(%)	60	80	–	–	90	60	80	100	80	–	–	90	80	80	–	90	100	60	–	100	100
시간(분)	90	120	60		120	120	90	100	90			120	90	90		120				90	
휴식			휴식				휴식	휴식				휴식	휴식			휴식	휴식				

전이기 / 준비기 / 시즌기

표 15 주기화에 따른 요일별 훈련 계획

단계	요일	내용
전이기	월	기술 훈련: 기술 감각이 떨어지지 않도록 기술 훈련에 치중해야 한다.
	화	휴식: 안정된 휴식을 통해 정서적, 육체적 피로를 제거한다.
	수	기술 및 전술훈련을 통해 준비기를 대비할 수 있는 훈련으로 구성한다.
	목	휴식: 정서적 및 육체적 피로를 제거한다.
	금	기술 훈련을 통해 선수들의 몸 상태를 유지할 수 있도록 한다.
	토	격주로 연습게임을 통해 게임 감각을 유지한다.
	일	휴식: 정서적 및 육체적 피로를 제거한다.
준비기	월	축구 이론 및 기술 훈련
	화	기술 및 전술 훈련
	수	기술 및 전술 훈련
	목	기술 및 전술 훈련
	금	기술 및 전술 훈련
	토	시합
	일	휴식 및 격주 연습게임

단계	요일	내용
시즌기	월	미팅: 시합에 대한 계획 및 정신 교육
	화	기술 및 전술 훈련
	수	기술 및 전술 훈련
	목	연습게임을 통한 기술 및 전술 훈련
	금	휴식
	토	기술 및 전술 훈련
	일	시합

ⓒ 연령별 유소년 선수 체력 트레이닝
- 체력 트레이닝 순서: 파워 동작 → 지구적 훈련
- 기초 기술 훈련 → 응용 기술 → 전술훈련 → Small-Sided Game → 연습경기
- 협응력: 축구 기술 습득을 위한 원초적인 역할을 담당하고 6세에서 12세까지 급상승한다.
- 민첩성: 축구 경기에서 방향 전환을 빠르게 하는 상황을 말하며 8세에서 16세까지 급상승하고 19세 정도가 되면 최고의 수준이 된다.
- 근력: 근육이 가지고 있는 힘을 말하며, 16세 이후 근력 운동을 통해 향상을 가져온다.
- 근지구력: 근육이 빠른 스피드를 유지하고 오래 운동할 수 있는 능력을 말하며, 16세 이후 짧고 폭발적인 반복운동에 의해 향상된다.

| 표 16 축구 선수 연령별 체력 트레이닝 목표와 방법

연령 및 목표	체력 요인	방법
U-8 신경계 발달	조정력 · 교치성	• 놀이 형태의 움직임을 유도하여 활동량 증가시킴 • 놀이 형태의 움직임 수를 점차적으로 증가시킴 • 간단한 동작의 코디네이션이 필요함 • 코디네이션 구성: 5회/주, 1회 15분~20분

구분	요소	내용
U-12 신경계 발달	조정력 · 교치성	• 무게 중심의 운동보다는 활동량 중심의 운동을 권장 • 간단한 코디네이션 동작에서 복잡하고 다양한 코디네이션 동작으로 변형적 운동을 권장 • 축구 선수들의 경우 이 시기가 신경계 발달을 통해 기술 습득을 위한 기술 훈련이 폭넓게 시행되어야 함 • 코디네이션 구성: 5회/주, 1회 15분~20분
U-15 신경계 발달 근력 발달	조정력 · 민첩성 · 근력 · 지구력	• 2차 성장기를 고려한 훈련 구성 • 다양한 코디네이션을 통한 조정력, 민첩성 향상 • 코디네이션 구성: 5회/주, 1회 15분~20분 • 근력과 지구력 향상은 점진성의 원리를 이용하고 낮은 강도의 운동을 요구
U-19 근육계 발달	전면성 훈련	• 전면적 체력훈련을 바탕으로 전문 체력을 향상 • 근력과 지구력 발달에 중점 • 훈련 양과 강도를 높이며 피로가 누적되는 것을 주의 • 코디네이션 구성: 5회/주, 1회 15분~20분
U-23 근육계 발달	전면성 훈련	• 근력 유지: 주 1회 웨이트트레이닝(주기화에 따라 다름) • 축구 경기 중 필요한 체력 향상(주기화 모델 적용) • 훈련 양과 강도를 높임 • 코디네이션 구성: 5회/주, 1회 15분~20분

㉣ 현대 축구에서 체력의 중요성
- 압박 플레이에 의한 시간적 공간적 저항력으로 인하여 체력이 중요하다.
- 빠른 템포(tempo)와 발달된 기술 축구로 인해 체력이 중요하다.
- 파워(power)와 스피드(speed)가 경기력에 영향을 미치기 때문이다.
- 최첨단 장비의 발달로 추가 시간에서 득점과 실점이 많아졌기 때문이다.
- 전술의 발달로 연장전 승부가 많아졌기 때문이다.
- 경기 중 피로에 대한 저항력 차이로 승패가 결정되기 때문이다.
- 공격과 수비 전환이 빠르게 전개되기 때문이다.
- 체력을 바탕으로 기술과 전술을 수행할 수 있기 때문이다.

⑱ 축구 코칭

표 17 축구 티칭과 코칭

차이점	티칭(teaching)	• 교사에 의한 수업 또는 교사가 교육적 목적을 갖고 학습자에게 하는 모든 행동과 언어적 가르침을 티칭이라고 한다. • 교육의 주체가 교사이다.
	코칭(coaching)	• 학습자의 목표 달성을 위해 자신감을 심어주고 의욕을 함양시켜 학습자 개인 능력 역량을 개발하고 발휘시키도록 돕는 일체의 행동을 말한다. • 교육의 주체가 학습자이다.

㉠ 축구 코칭의 정의
- 축구를 지도하는 과정을 말한다.
- 코치나 감독이 주체가 되어 선수들에게 축구에 대한 지식이나 체력, 기술, 전술 및 전략, 태도, 철학 등 지도하는 총체적인 행위를 말한다.
- 선수 선발, 훈련계획, 훈련방법, 선수 관리, 대회 출전에 의한 시합 등이 포함된다.

㉡ 축구 코치의 역할
- 선수를 중심으로 모든 행위가 진행되도록 노력해야 한다.
- 선수를 하나의 인격체로 존중하고 선수와 관계에서 수평적 관계를 위해 노력해야 한다.
- 선수의 심리적 특성과 개인적 특성을 알아야 한다.
- 경기규칙 및 새로운 정보 습득을 위해 끊임없는 노력이 필요하다.
- 연구와 학습을 통해 풍부한 지식을 갖고 있어야 한다.
- 올바른 지식 전달과 정확한 동작을 보여줌으로써 기술 습득에 도움을 주어야 한다.
- 선수들에게 심리적 안정감과 자신감을 심어주어 주고 멘토의 역할을 해야 한다.

ⓒ 축구 지도자가 갖추어야 할 덕목
- 축구의 전문적인 지식과 지혜를 갖추고 있어야 한다.
- 축구인으로서 정의롭게 행동해야 한다.
- 축구 지도자로서 열정을 갖고 있어야 한다.
- 축구 지도자로서 솔선수범과 겸손한 인격을 갖고 있어야 한다.

ⓔ 코칭을 위한 고려 사항
- 자신을 알아야 한다 – 자존감을 갖고 지도해야 한다.
- 자신의 지도 스타일을 유지해야 한다 – 지도자의 철학이 명확하게 정립되어 있어야 한다.
- 자신의 주위 사람을 신뢰하라 – 그래야 선수들도 지도자를 신뢰하고 따른다.
- 오케스트라 지휘자처럼 선수를 도와야 한다 – 리더의 역할이다.
- 리더십을 갖춰라 – 리더십은 진실에서 나온다.
- 경기력 향상과 선수 보호를 위한 유리한 환경과 조건을 만들고 유지해야 한다.

ⓜ 코칭 방법론

표 18 교육 방법

교육 방법	연역법 (deductive)	· 쉬운 동작에서 어려운 동작 학습 · 단순한 동작에서 복잡한 동작 학습 · 느린 동작에서 빠른 동작 학습 · 예측 가능한 동작에서 예측이 어려운 동작 학습
	귀납법 (inductive)	· 다양한 해결책을 제시하고 경험적 학습을 유도하는 목적으로 교육 · <그림 15> 참고

ⓗ 코칭 과정(coaching process): 효율적 코칭을 위해서는 <그림 16>, <표 19>와 같은 코칭 절차와 과정이 필수요건이 될 것이다.

그림 15 귀납법

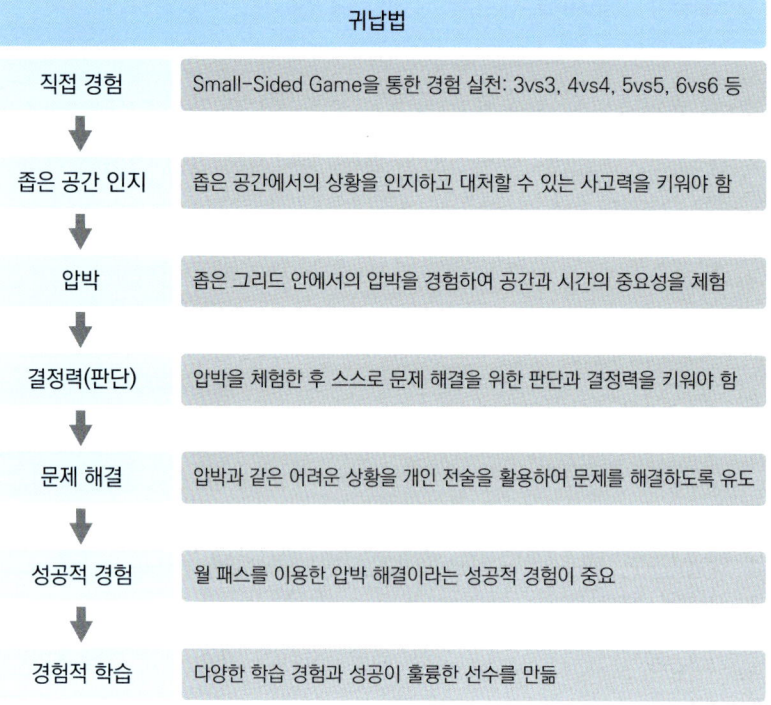

그림 16 코칭 절차

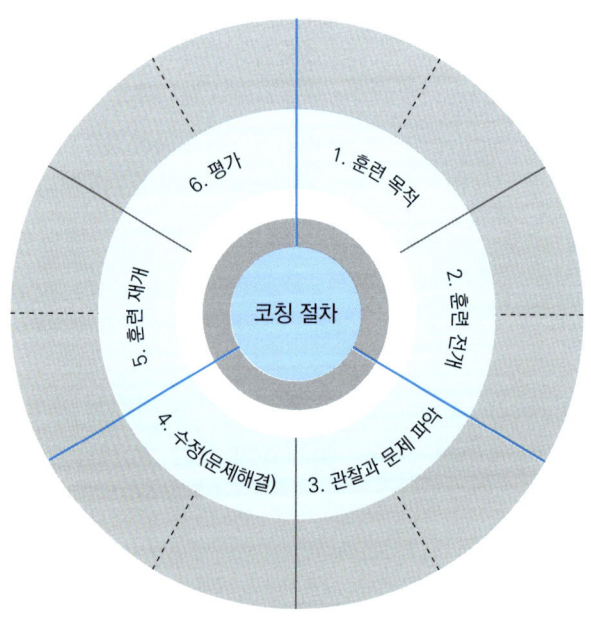

표 19 코칭 절차

단계	내용
훈련 목적	간단명료한 훈련 목적과 목적 달성을 위한 방법을 설명한다.
훈련 전개	정확한 시범을 통해 훈련을 시작한다.
관찰과 문제 파악	• 선수들을 한눈에 관찰할 수 있는 위치를 선정한다. • 훈련 목적과 내용에 맞게 훈련하는 것을 관찰한다. • 선수들의 훈련 태도를 관찰한다. • 기술과 전술적 문제를 파악한다.
수정	• 문제 발견 후 적절한 타이밍을 잡아 수정사항을 이야기한다. 이때 간단명료하게 설명한다. • 정확한 동작으로 시범을 보여 수정사항에 대한 피드백을 제공한다.
리허설과 훈련 재개	수정 지시 사항을 이해하였는지 리허설을 통해 반복 연습을 수행하고 훈련을 재개한다.
평가	• 훈련 목적을 달성하였는지? • 훈련에 대한 선수들의 만족도는 얼마나 되는지? • 훈련의 개선점은 무엇인지?

Ⓢ 축구 전문 스포츠지도사의 소통 대상
- 스포츠지도사는 사회구성원으로서 소통할 수 있는 능력이 있어야 한다. 특히 문제 해결을 위해서는 구성원의 의견을 수렴하고 협의를 통해 문제 해결을 하는 절차가 필요하다.
- 소통 대상자
  - 학생 선수와 소통
  - 학부모와 소통
  - 코칭스태프와의 소통
  - 학교 관계자: 교장과 교직원들과의 소통

◎ 소통 방법

표 20 소통 대상 및 방법

대상	소통 방법
학생 선수	• 눈높이를 학생 선수 수준으로 낮춰야 한다. • 편견을 배제하고 인격체로 인정하고 대화를 해야 한다. • 관심과 궁금증을 갖고 질문을 해야 한다. • 지적보다는 칭찬, 충고, 격려를 통해 문제 해결을 해야 한다.
학부모	• 부모는 자녀에 대해 주관적 견해를 갖고 있다. • 선수 훈련과 경기에 대한 데이터를 활용한 대화가 필요하다. • 선수와 학부모 상담 일지를 작성하여 관리한다.
코칭 스태프	• 코치, 감독, 트레이너 등과 업무 분담을 해야 한다. • 훈련과 시합에 대한 피드백을 공유한다. • 선수 관리 및 기용 등을 위해 코치의 의견을 수렴한다.
학교 관계자	• 축구 및 교육철학을 교장, 부장, 교직원들과 공유한다. • 학사 일정을 고려한 연간, 월간, 주간, 일일 훈련계획을 수립하여 교장과 부장에게 보고한다. • 팀 운영에 대한 절차와 과정을 학교 관계자와 의논하여 진행한다. • 축구부 훈련과 운영에 대한 인지를 돕기 위해 학교 게시판에 운영계획을 공지하여 교직원들과 소통할 수 있는 기회를 제공한다. • 운영의 투명성을 확보하기 위해 회계 보고 및 공지를 기본으로 한다.

㊂ 소통을 위한 대화 방법: 소통에 능숙한 스포츠지도사는 상대방의 이야기를 경청할 줄 알고, 정확한 정보를 이용하여 합당한 답을 주는 사람이라고 할 수 있다.

• 경청: 상대방의 말을 끝까지 들어 주고, 적절한 타이밍(timing)을 맞춰 대화 내용에 맞게 호응하여 공감대를 형성해야 한다.
• 공통 관심: 예를 들어 축구를 하면 좋은 이유가 무엇이니?라는 형식의 질문을 통해 공통 관심사를 찾아 대회를 이끌어가는 것이 필요하다.
• 칭찬을 통해 상대방의 자존감을 올려주고 상대방을 신나게 만들어 이야기를 계속할 수 있도록 부추기는 기술이 필요하다.

- 긍정의 법칙: 상대방과 의견이 다른 경우 상대방의 의견에 긍정적 표현을 제시한 후 자신이 주장하고 싶은 이야기를 하면 설득력을 얻을 수 있다.
- ㋈ 축구 전문 스포츠지도사의 개념
  - 학교 축구부, 유소년 축구 클럽, 일반 축구 클럽(FC), 프로스포츠클럽 등에 소속된 코치나 감독 등의 지도자를 말한다.
  - 축구팀과 선수의 기량을 최대로 끌어올릴 수 있는 전문적 지도자를 말한다.
  - 스포츠 과학의 전문지식과 종목에 대한 체계적이고 전문적인 지도 능력을 갖추고 있는 사람을 말한다.
- ㋉ 축구를 하면 발달되는 영역과 신체적 효과
  - 근지구력, 심폐지구력, 순발력, 민첩성, 협응력이 향상된다.
  - 하체 근력 발달을 유도한다.
- ㋊ 축구를 하면 발달되는 심리적 효과: 협동심, 책임감, 희생정신 발달로 사회성 향상에 효과가 있다.

⑲ **축구 의학**

- ㉠ 골절(Fracture)
  - 뼈가 부러진 상태
  - 지속적인 스트레스 혹은 피로 골절은 뼈의 내성을 초과하는 반복되는 스트레스나 과도한 사용으로 인해 발생한다.
  - 개방골절(open fracture)은 뼈가 실제로 피부 밖으로 삐져나온 상태이다.
- ㉡ 염증(Inflammation)
  - 특정 조직의 손상 또는 감염에 대한 일종의 생체 내 반응이며 주요 매개체는 면역세포이다.
  - 염증의 목적은 조직 손상을 최대한 억제하고 감염체를 제거하며 조직 재생의 목적이 있다.
- ㉢ 염좌(Sprain)
  - 염좌는 인대 손상을 말하는 것으로서 흔히 "삐었다"라고 말한다.

- 인대는 관절을 안정화하고 단단하게 잡아주며 관절 운동을 정상 범위에서 가능하게 한다.
- 인대가 찢어지거나 늘어나는 경우 정상적인 움직임은 불가능하다.
- 1등급 염좌: 인대를 약화시키지 않는 단순한 스트레치 수준이며 약간의 통증과 압통이 있다.
- 2등급 염좌: 인대를 현저히 약화시키는 부분적인 찢어짐으로 통증이 심하다.
- 3등급 염좌: 인대가 완전히 찢어지거나 파열된 상태로 통증이 심하다.
- 염좌 상해의 조치 사항
  - 상해 부위를 고정하고 압박한다.
  - 냉찜질(10-15분, 1:1 비율로 찜질과 휴식을 3회 반복)을 한다.
  - 부종을 방지하기 위해 발목을 심장보다 높게 해 준다.
  - 병원 후송 후 전문가의 진단을 받는다.

| 그림 17 **염좌**

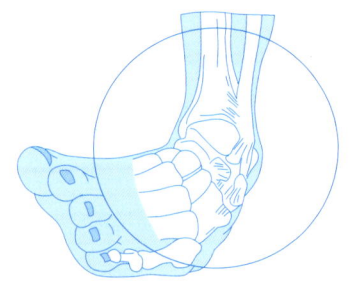

ㄹ) 타박상 및 치료
- 외부의 충격이나 구타, 넘어짐으로 인해 연부 조직과 근육 등에 손상을 입어 피부에 출혈과 부종이 나타나는 상태
- 24-48시간 동안 약 15분 냉찜질, 1:1 비율로 찜질과 휴식을 3회 반복
- 48시간 이후 온찜질, 약 15분 3회 반복
- 마사지 오일 또는 소염 젤을 이용하여 심장의 방향으로 반복적으로 밀어 올려주는 마사지로 혈액 순환과 림프의 순환을 개선

▎그림 18 탈구

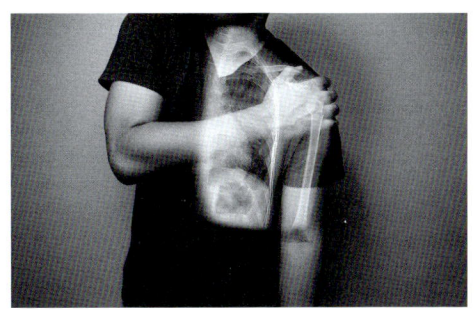

ⓜ 탈구
- 관절을 구성하는 뼈마디, 연골, 인대 따위의 조직이 정상적인 운동 범위를 벗어나 위치가 바뀌는 상태
- 탈구에 대한 조치 사항
  - 탈구된 관절부위를 고정
  - 깨끗한 거즈나 천으로 지혈
  - 119로 응급상황 신고
  - 병원 후송 후 전문가의 진단

ⓑ 응급처치의 개념: 일상생활 중 일어날 수 있는 불의의 사고에 대하여 즉시 대처하여 인명을 구하고 부상을 최소화함으로써 차후의 치료에 도움을 주는 행위

ⓢ 4단계 응급처치법(RICE)

▎표 21 응급처치 4단계

단계	내용
안정 (Rest)	상해 후 운동 및 활동을 계속하면 상해를 악화시킬 수 있으므로 안정이 필요
얼음 (Ice)	얼음으로 상해 부위를 찜질하여 혈관의 수축과 부종을 예방
압박 (Compression)	압박을 통하여 지혈시키고 붓는 것을 최소화시킴
거상 (Elevation)	상해 부위를 심장보다 높게 하여 과다한 출혈이나 붓는 것을 방지

ⓞ 스포츠 상해의 원인
- 기술 부족
- 지식 부족
- 지나친 과신
- 준비 운동 부족
- 관리 부족
- 훈련 복장과 장비 불량

㉢ 스트레칭의 목적
- 근육 이완 및 신전
- 유연성 증가
- 부상 방지

㉣ 일과 운동의 차이
- 일: 생업을 위한 신체적 노동으로 스트레스를 유발
- 운동: 레저나 건강을 위한 신체적 움직임으로 스트레스를 해소

㉠ 오버트레이닝의 개념
- 과도한 운동으로 인해 신체의 상해를 입는 것
- 훈련과 회복 사이의 불균형을 뜻함

㉤ 축구화 선택
- 축구화로 인한 부상과 가장 많은 관련성을 갖는 것은 바닥에 있는 징(stud)임
- 축구화 바닥은 운동장 표면과 마찰을 일으키며 마찰력이 클수록 발목, 무릎관절에 가해지는 비틀림 작용으로 인해 부상의 원인으로 작용
- 착지, 방향 전환, 감속 등과 같은 동작은 인대와 연골 손상에 직접 영향을 미침

| 표 22 용어 설명

용어	설명
어드밴티지 (Advantage)	반칙이 일어났지만, 반칙을 당한 팀에게 유리한 상황이 될 때, 주심이 경기를 계속 진행시키는 것
도전 (Challenge)	선수가 볼을 목적으로 상대방과 경쟁하거나 다투는 행위
쿨링 브레이크 (Cooling break)	특수한 기후 조건(습도와 기온이 높을 때)에서 선수의 안전과 복지를 위하여(3분 이내) 신체 기온을 낮추기 위해 휴식하는 시간
음료 섭취 휴식 (Drinks break)	경기 중 선수들의 수분 보충을 위해 주심이 허락하는 휴식 시간을 말하며 1분 이내로 음료 섭취를 해야 함
드롭볼 (Dropped ball)	경기를 재개하는 방법으로 주심은 마지막 터치를 한 팀의 선수 한 명에게 볼을 떨어뜨리고, 볼이 땅에 닿으면 플레이가 재개됨. 단, 페널티 에어리어 안이라면 골키퍼에게 볼을 떨어뜨림
연장전 (Extra time)	90분 경기에서 승부를 내지 못했을 때 추가 경기 시간(전반 15분, 후반 15분)
페인팅 (Feinting)	경기 중 상대 선수를 혼란스럽게 하기 위한 몸동작
필드(피치) (Field of play-pitch)	터치라인과 골라인, 골네트로 제한해 사용하는 플레이 공간
페널티킥 (Penalty kick)	경기 중 수비수가 페널티 에어리어 안에서 직접 프리킥 반칙을 범했을 때 공격자에게 주어지는 킥이며 골라인에서 11m 떨어진 페널티 마크에서 킥을 함
승부차기 (Kicks from the penalty mark)	정규 경기 또는 연장전에서 승부를 가리지 못하였을 때 경기 승패를 결정짓기 위해 양 팀이 각각 5명의 선수를 선발하여 킥으로 경기 승패를 결정짓는 방법
시뮬레이션 (Simulation)	경기 중 실제로 일어나지 않은 일을 일어난 것처럼 잘못된/거짓 인상을 주는 행위로 주심은 경고를 줄 수 있음
기술 지역 (Technical area)	팀 임원들을 위한 지역으로 경기 중 이 지역에서만 코칭을 할 수 있음

용어	설명
반스포츠 행위 (Un sporting behaviour)	욕설을 포함한 부당한 행동/태도를 말하며 이 같은 반스포츠적 행위를 하면 반칙이 주어지고 경고 또는 퇴장의 처벌을 받을 수 있음
VAR (Video Assistant Referee)	'영상' 심판을 말하며, 리뷰 가능 범위에 있는 '명확하고 명백한 실수' 또는 '중대한 상황을 놓친 경우'와 관련 있는 리플레이 영상의 정보를 주심에게 전달함으로써 주심을 돕도록 지명된 현직 또는 전직 주심
AVAR (Assistant Video Assistant Referee)	'영상' 심판을 말하며, VAR을 돕도록 지명된 현직 또는 전직 주심/부심
게임 메이커 (Game maker)	게임 중에 항상 중심이 되는 선수로, 주로 경험이 풍부한 공격형 미드필더가 게임 메이커가 됨
대각선 심판법 (Diagonal system of control)	주심이 움직이는 방향이 부심이 없는 코너 방향인 대각선으로 움직일 때 부심과 호흡을 맞출 수 있어 주심의 역할을 효율적으로 처리할 수 있는 심판법
드리블 (Dribble)	볼을 자기 마음대로 발로 컨트롤하여 상대 수비수를 제치고 다니는 기술
리턴 패스 (Return pass)	우리 선수로부터 받은 패스를 다시 그 선수에게 되돌려 주는 패스
커버링 (Covering)	자기편 수비진이 돌파됐을 경우 또는 공격에 참가해서 자기편 선수를 지원할 경우 후방에서 동료 경기자를 도와주는 것
클리어링 (Clearing)	수비 측의 경기자가 골 앞의 위험 구역에서 볼을 크게 차내어 상대 팀의 공격을 지연시키거나 막아내는 것을 말함
포스트 플레이 (Post play)	상대 골문 근방에서 자기편으로부터 패스를 받아 멈추지 않고 그대로 슈팅을 하거나 머리로 헤딩 득점을 올리는 것
해트 트릭 (Hat trick)	한 경기에서 한 선수가 3점을 득점하는 것을 말함
서든데스 (Sudden death)	연장전 가운데 어느 팀이든지 골을 추가시키면 그 즉시 경기를 끝내는 경기 제도로서 골든 볼이라고도 함

용어	설명
로스타임 (Loss time)	게임 도중 사고나 선수의 부상 등으로 인하여 허비되는 시간을 말하며 주심의 판단에 따라 그 시간만큼 경기 시간을 연장할 수 있음
SSG (Small-Sided Game)	3vs3, 4vs4, 5vs5…와 같이 좁은 공간에서 플레이하는 미니 게임을 말함
팀 빌딩 (Team building)	지도자가 팀을 정상 팀으로 만들기 위해 목표를 설정하여 발전시키기 위한 과정과 계획을 의미함
간접 프리킥 (Indirect free kick)	반칙을 범했을 때 상대팀에게 주는 프리킥의 일종으로서 킥한 볼(ball)이 반드시 다른 사람을 거쳐 골이 되어야 득점으로 인정되는 킥을 말함
골라인 (Goal line)	양쪽 코너 플랙을 연결하는 45~90m에 쳐진 경계선을 말하며 이 선을 완전히 볼(ball)이 통과되어야 골로 인정됨
골킥 (Goal kick)	슈팅한 볼(ball)이 골라인 밖으로 나가면 골 에어리어 안에 놓고 킥을 하는 경우를 말함
드롭킥 (Drop kick)	주로 골키퍼가 사용하는 킥으로 볼(ball)을 땅에 떨어뜨려 볼이 튀어 오르는 순간을 이용하여 멀리 차는 킥을 말함
골포스트 (Goal post)	골라인 상에 두 개의 포스트를 세우고, 두 개의 포스트를 크로스바와 직각으로 연결하여 골대를 형성하는 것을 말하며 골포스트의 두께는 12㎝ 이하임
다이렉트 킥 (Direct kick)	굴러오는 볼(ball)이나 볼 중으로 날아오는 볼을 정지시키지 않고 바로 차는 킥
스로인 (Throw-In)	볼이 터치 라인 밖으로 나갔을 때 마지막으로 볼에 닿은 선수의 상대방이 경기를 재개하기 위해 볼이 나간 지점에서 경기장 안으로 볼을 던지는 기술
골 세리머니 (Celebration of goal)	기쁨의 제스처로 기쁨을 표현하는 것. 기쁨에 대한 표현이 반스포츠적이거나 시간 지연으로 판단된다면 해당 선수에게 경고가 주어짐
발리킥 (Volley kick)	날아오는 볼을 땅에 떨어뜨리지 않고 공중에서 차는 킥

용어	설명
셔틀런 (Shuttle run)	축구 선수의 최대산소섭취량 강화를 위해 고안된 왕복달리기 형태로 20m 구간을 21단계로 구분하여 갈수록 빨라지는 음악 신호에 맞춰 왕복달리기를 하는 프로그램
세이빙 (Saving)	공격수가 슈팅한 볼을 골키퍼가 옆으로 몸을 던져 방어하는 기술
세트 피스 (Set pieces)	코너킥, 프리킥, 페널티킥, 스로인, 골킥과 같이 볼이 정지된 상황에서 경기를 재개하는 방법으로 부분 전술의 의미를 갖고 있음
스로잉 (Throwing)	골키퍼가 필드 플레이어에게 볼을 던져주는 기술
스위칭 플레이 (Switching play)	같은 편 선수가 상대 수비 선수를 따돌리기 위해 위치와 역할을 바꾸면서 공격하는 기술
스크린 플레이 (Screen play)	상대 수비수를 따돌리기 위해 볼을 소유한 선수가 몸으로 상대 선수를 가려가면서 플레이하는 기술을 말하며 때로는 같은 편 선수가 벽을 만들어 상대 선수의 시야를 가려가면서 플레이하는 기술
시소스 킥 (Seesaws kick)	양발 차기로 볼을 차는 기술을 말하며 더블 킥(Double kick) 또는 바이시클 킥(Bicycle kick)이라고도 함
스위퍼 (Sweeper)	수비의 최후방을 전문적으로 지키는 선수로, 가장 위험한 곳을 커버하는 일을 맡으며 청소한다는 뜻에서 붙여진 이름. 4-2-4 전법에서 발달했음
스토퍼 (Stopper)	상대방의 중심 선수(주로 센터 포워드)를 철저히 마크해서 상대방이 시도하는 공격을 처음부터 좌절시키는 역할을 맡은 선수임
스플릿 시스템 (Split system)	스플릿 시스템은 전체 팀이 홈&어웨이 더블 리그로 경기를 한 후 성적에 따라 상위 리그와 하위 리그로 분류하여 별도로 2라운드를 더하는 경기 방식이며 상위 리그에서는 우승팀, 하위 리그에서는 강등 팀을 선별하는 방식
아웃 오브 플레이 (Out of play)	볼이 터치라인을 완전히 넘었을 경우나 주심이 경기의 중지를 명했을 경우 등 경기가 일시적으로 중단된 상태로 인플레이와 반대임
에이전트 (Agent)	선수 연봉 협상, 구단 이적, 광고 계약 등 선수의 권익을 보장받을 수 있도록 도와주고 수수료를 받는 법정 대리인
오버래핑 (Overlapping)	측면 공격을 위해 사이드백 또는 미드필더 선수가 공격에 가담하기 위해 윙어 뒤로 깊숙이 돌아 들어가 공격을 시도하는 플레이

용어	설명
월 패스 (Wall pass)	벽(Wall)을 이용한다는 개념으로 수비 1명을 공격수 2명이 공격하는 개인 전술을 말하는 것이며, 흔히 2:1 패스라고 함
인터셉트 (Intercept)	상태 팀의 패스를 예측하여 중간에 가로채서 볼을 빼앗는 기술
칩킥 (Chip kick)	볼 밑 부분을 발끝을 깊이 넣어 볼을 차는 기술
콤비네이션 플레이 (Combination play)	골킥, 코너킥, 프리킥, 스로인 등 여러 가지 패스의 결합된 조직적 플레이를 말함
크로싱 (Crossing)	터치라인 방향으로 볼을 치고 들어가 상대 골문 쪽으로 공격선수들에게 연결해 주는 공격 기술
킥오프 (Kick off)	경기 전·후반 시작 또는 득점 후 경기 재개를 하는 것을 말하며 중앙선 가운데 킥오프 마크에서 시작함
킬러 패스 (Killer pass)	골 찬스를 만들기 위해 수비 선수와 선수 사이로 연결하는 날카로운 패스
트리핑 (Tripping)	경기 중 상대 선수의 발을 걸어 넘어뜨리거나 넘어뜨리려고 하는 행위
트래핑 (Trapping)	신체 부위를 이용하여 볼을 내가 원하는 곳에 잡아놓는 기술
하프 매치 (Half match)	경기장 반쪽 코트를 이용하여 전술훈련을 하는 연습 방법
홈 앤드 에웨이 (Home and away)	리그 경기에서 한 경기는 연고 지역에서 하고 또 다른 경기는 상대 연고 지역에서 번갈아 하는 경기 방식
마크 (Mark)	상대 공격선수에게 접근하여 상대 선수가 자유로운 플레이를 하지 못하도록 방해하는 수비 방법
센터 서클 (Center circle)	하프웨이라인 중앙에 둥근 원을 그려 상대 선수가 9.15m 떨어진 상태에서 킥오프되도록 그려진 원형을 말하며 반지름은 9.15m임
스토핑 (Stopping)	볼을 멈추는 기술을 말하며 다음 플레이를 하기 위하여 볼을 다루는 기술

용어	설명
스트라이킹 (Striking)	상대 선수를 치거나 때리려는 행위로서 이 경우 직접 프리킥이 상대편에게 주어짐
캐칭 (Catching)	상대편이 슛이나 킥을 하였을 때 골키퍼(GK)가 볼을 잡는 기술
얼리 크로스 (Early cross)	경기 중 상대 수비 선수가 미처 골 근처까지 돌아가기 전 골키퍼와 최종 수비수 사이의 공간을 노려 뛰어 들어가는 자기 편 선수에게 보내는 빠른 패스
패스 앤드 고 (Pass and go)	패스 후 다음 패스를 받기 위해 빈 공을 찾아 움직임을 갖거나 상대 수비 선수를 유인하기 위해 패스 직후 움직이는 플레이
페널티킥 마크 (Penlty kick mark)	골라인에서 11m 떨어진 지점에 마크를 그려놓고 페널티킥 반칙이 일어나면 킥을 하는 지점
푸싱 (Pushing)	손이나 발로 상대 선수를 밀거나 찌르거나 하는 행위로 반칙이 되면 상대방에게 직접 프리킥이 주어짐
세계축구연맹 (FIFA)	Federation International de Football Association의 약칭으로 스위스에 본부가 있음
하프웨이라인 (Half way line)	경기장을 이등분하는 라인으로 양 팀의 경기장 영역을 구분하는 경계선이며 센터라인이라고도 함
하프 타임 (Half time)	축구 경기에서 전반과 후반 사이의 휴식 시간을 말하며 15분을 초과해서는 안 됨
홀딩 (Holding)	축구 경기 중 손이나 팔을 사용하여 상대 선수를 잡거나 잡아당기는 반칙 행위로 상대편에게 직접 프리킥이 주어짐

CHAPTER 02 스포츠지도사 일반이론

축구의 경기력은 체력, 기술, 전술, 심리적 요인에 의해 결정되는 것을 고려하여 본 장에서는 축구의 경기력을 구성하는 스포츠과학적 지식을 살펴보고자 한다. 스포츠과학적 지식의 범위는 운동생리학, 스포츠 심리학, 운동역학으로 구성하였다.

1 운동생리학

1) 운동생리학의 정의
① 운동으로 인하여 인체의 반응과 적응에 대한 원인과 과정 그리고 결과를 연구하는 학문
② 운동 자극에 대하여 인체가 반응하고 적응하면서 생기는 생리학적 변화를 연구하는 학문
③ 운동 수행 능력과 건강에 미치는 운동의 효과를 연구하는 학문
④ 인체의 항상성, 인체의 구조와 기능 사이의 관련성을 연구하는 학문

> 💡 **완전정복 TIPS**
> 축구 선수들이 운동을 하면서 일어나는 신체 변화의 원인과 과정을 알게 됨으로써 훈련에 대한 효과를 더욱 극대화할 수 있다.

2) 운동생리학의 필요성

① 체계적이고 과학적인 훈련 방법 적용으로 인해 인체의 기능적 변화에 대한 원인을 탐구함
② 인체의 발육과 발달, 경기력 향상에 도움이 됨
③ 운동에 대한 반응과 적응에 대한 원인을 파악할 수 있음
④ 건강 관련 지식을 습득할 수 있음

3) 운동생리학의 파생 학문

① 운동처방: 개인 능력을 평가하고 평가에 따라 새로운 운동 요소를 적용하여 운동 효과를 극대화하는 학문
② 스포츠의학: 운동 수행을 위한 의학적 측면을 연구하는 학문
③ 트레이닝 방법론: 운동능력 향상을 위해 과학적인 트레이닝 방법을 연구하는 학문
④ 운동영양학: 경기력 향상을 위해 영양학적 원리를 적용하는 학문
⑤ 인체해부학: 인체의 해부학적 구조와 기능을 탐구하는 학문

4) 운동생리학적 측면에서 반응과 적응의 차이

① 반응: 단발적 운동에 따른 신체적 변화
② 적응: 지속적 운동에 의한 신체적 변화

> **완전정복 TIPS**
>
> · 축구 선수가 되기 위해 30m 달리기 테스트를 하고 심박수가 급격하게 증가하는 일시적 신체 변화를 **반응**이라고 한다.
> · 축구부에 가입하여 장기간 규칙적인 트레이닝 후 30m 달리기를 하였을 때 심박수가 전에 비해 감소하는 현상을 **적응**이라고 한다.

5) 인체의 항상성 정의

인체가 외부 또는 내부환경에서 생명을 유지하고 지키기 위해 인체 조절 시스템을 가동시켜 안정성을 유지하려는 성질을 인체의 항상성이라고 한다.

6) 인체의 항상성 조절 기전

① 수용기(recepter) - 통제소(control centre) - 효과기(effector)에 의해 조절된다.
② 수용기에서 감지한 외부 또는 내부환경의 변화에 대해 통제소에서 적절한 응답을 결정하고 지시를 내려 보내면 효과기가 지시를 수용한다.

> **완전정복 TIPS**
>
> 항상성 조절 기전의 이해를 돕기 위해 "실내 온도 조절 시스템"의 예를 들 수 있다. 실내 온도를 25℃로 설정해 놓f았을 때 온도계가 25℃를 넘어가면 에어컨에서 찬 공기가 나와 방안 공기를 냉각하고, 25℃에 미치지 못하면 따뜻한 공기가 나와서 방안 공기를 가열하는 일련의 과정을 말한다.

7) 에너지 대사 작용

체내에서 일어나는 물질과 에너지의 모든 화학적 작용을 말한다.

8) 에너지 대사 과정 분류

| 그림 1 동화작용과 이화작용

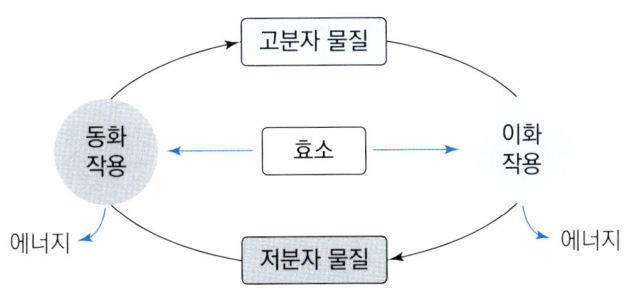

표 1 동화작용과 이화작용

동화작용	• 세포가 호르몬, 효소, 단백질 등 여러 가지 복잡한 물질을 합성하는 과정 • 섭취한 음식물이 체내에서 화학변화를 통해 고분자 화합물로 합성되는 과정 • 에너지를 흡수 · 저장하는 과정
이화작용	• 세포의 기능을 발휘하기 위해 에너지를 세포에 공급하는 과정(소비) • 체내의 복잡한 물질이 간단한 물질로 분해되는 과정 • 에너지를 방출 · 소비하는 과정

9) 아데노신 3인산(ATP)

① 인체가 사용하는 에너지의 형태를 ATP(Adenosine Triphosphate)라고 한다.
② ATP는 1개의 아데노신과 Pi라 불리는 3개의 무기인산으로 구성되었다.
③ ATP는 대사 작용을 위한 에너지 근원이며, 운동 시 근수축에 사용되는 화학적 에너지원이다.
④ ATP는 아데노신 2인산(ADP)과 무기인산(Pi)으로 분해하면서 에너지를 생성한다. 이때 분해 작용을 촉진하는 효소를 ATPase라고 한다.
⑤ 섭취한 음식은 탄수화물, 지방, 단백질 형태로 저장되었다가 화학적 분해 작용에 의해 에너지원으로 동원된다.

그림 2 ATP 분해와 생성

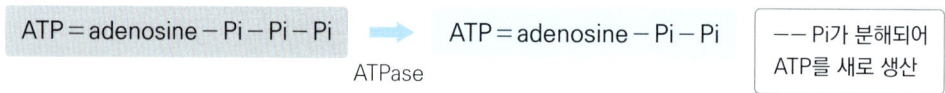

10) 에너지 공급 시스템

① 산소를 이용하지 않고 ATP 합성을 하는 무산소성 과정(세포질에서의 반응)과 산소를 이용하여 ATP를 합성하는 유산소성 과정(미토콘드리아에서의 반응)으로 구분한다.

② ATP 생성을 위한 3가 시스템은 ATP-PCr 시스템, 젖산 시스템, 유산소 시스템이다.

표 2 에너지 시스템 체계

무산소성 과정	ATP-PC 시스템	• 인원질 과정 시스템으로 불린다. • ATP 생성이 가장 빠르고 쉽다. • 10초 이내의 고강도 운동에 동원되는 에너지 시스템이다(슈팅, 30m 달리기, 점프 헤딩, 골대 앞 1대1 상황에서의 몸싸움 등). • PCr이 크레아틴(Cr)과 무기인산(Pi)으로 분해되면서 발생하는 에너지를 이용하여 재합성되는 것이다. • 크레아틴(Cr)과 무기인산(Pi) 분해는 크레아틴키나아제에 의해 관장된다.
	해당과정 (젖산 시스템)	• 탄수화물 대사 작용에 의해 에너지를 공급받는다. • 근육 속 글루코스가 피루브산으로 분해되는 무산소성 생성 과정이다. • 피루브산이 젖산으로 전환되어 에너지를 생성하게 된다. • 간에서 코리 사이클(Cori cycle) 과정을 거쳐 글루코스로 전환하여 에너지원으로 재사용한다. • 운동 시작에서 약 3분까지 이뤄지는 무산소성 과정이다. • 젖산은 휴식기에 간에서 glycogen으로 전환이 되고, 만일 산소 공급이 된다면 피루브산은 젖산으로 전환되는 것이 아니라 Acetyl CoA로 전환되어 미토콘드리아로 이동하여 유산소 시스템으로 들어가게 된다.
유산소성 과정	유산소성 시스템	• 3분 이상 운동 시 사용되는 에너지 대사 과정을 말한다. • 산소를 이용하여 체내에 저장된 glycogen과 지방을 분해시켜 ATP를 합성하는 에너지 시스템이다. • 산소 공급으로 인하여 미토콘드리아에서 산화를 통해 ATP를 공급한다. • 포도당, 당원, 지방산, 아미노산 등 영양소가 산화되어 Acetyl Coenzyme A가 되고 ATP를 생성한다. • 포도당 + 산소 → CO_2 + H_2O + 38ATP • 38개의 ATP를 생산하여 사용하기 때문에 ATP에 대한 효율성이 높다.

11) 생체 에너지원

① 탄수화물

　㉠ 산소 없이 에너지 생성이 가능하다.
　㉡ 인체에서 가장 신속하게 에너지를 공급하는 에너지원이다.
　㉢ 고강도 운동에 사용되는 에너지원이다.
　㉣ 탄수화물 1g당 약 4kcal의 에너지를 생성한다.
　㉤ 단당류, 이당류, 다당류의 형태로 구성되어 있다.

② 지방

　㉠ 유산소성 운동에 동원되는 에너지원이다.
　㉡ 저강도 장시간 운동에 지방을 이용한다.
　㉢ 지방 1g당 약 9kcal의 에너지를 생성한다.
　㉣ 중성지방, 지방산, 글리세롤, 인지질, 스테로이드의 형태로 저장되어 있다.

③ 단백질

　㉠ 단백질 1g당 약 4kcal의 에너지를 생성한다.
　㉡ 근육세포 내에서 대사 매개 물질로 전환한다.
　㉢ 대부분 에너지원으로 사용되지 않고, 근육 형성을 위한 원료로 사용된다.

12) 골격근

① 골격근 기능

　㉠ 운동과 호흡 기능
　㉡ 자세 유지 기능
　㉢ 체온 유지 기능
　㉣ 인체 운동의 수의적 조절 기능

② **골격근의 구조**: 골격근의 구조는 근육 → 근다발 → 근섬유 → 근원섬유 (마이오신과 액틴으로 구성)로 구성되어 있다.

그림 3 골격근의 구조

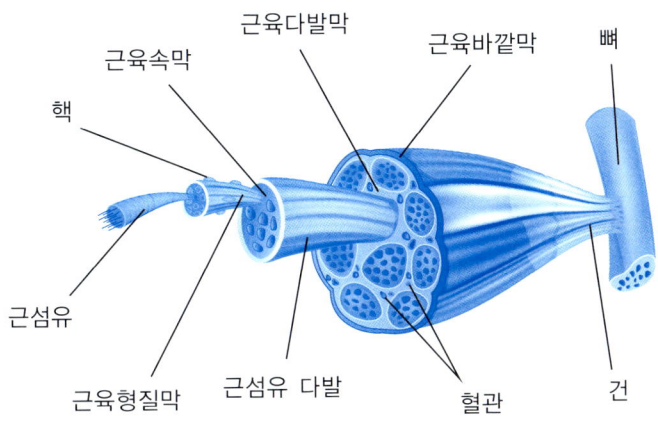

③ 근섬유의 구조와 기능

표 3 근섬유의 구조와 기능

근형질세망	칼슘 저장
가로세관	그물 모양의 세포 내 물질이동 통로이며 신경 자극 전달에 관여(T관)
근형질	글리코겐과 미오글로빈 저장소
근초	뼈에 부착하여 건과 융합하는 기능

④ 근섬유 형태와 특성

㉠ 지근섬유
- 산소 저장 역할을 하는 미오글로빈 함량이 높아 적근(red muscle)이라고 한다.
- 장기간 운동을 위한 에너지 생성이 원활하고 피로에 대한 내성이 높다.

㉡ 속근섬유
- 흰색을 띠고 있어 백근(white muscle) 섬유라고 부른다.
- 에너지 생성 속도가 빠르고 피로에 대한 저항력이 낮다.

· 단시간 고강도 운동에 적합하다.
· 젖산에 대한 내성이 높다.
ⓒ 근섬유 태와 특성

| 표 4 근섬유 형태와 특성

구분	지근섬유	속근섬유	
형태	Type Ⅰ	Type Ⅱa	Type Ⅱx
ATPase 활성도	낮음	중간	높음
미토콘드리아 효소 활성도	높음	중간	낮음
산화 능력	높음	높음	낮음
수축 속도	낮음	중간	높음
지구력	높음	중간	낮음

⑤ **근수축 종류**: 근수축의 종류는 근육이 수축되는 형태에 따라 구분할 수 있으며, 일반적으로 정적 수축과 동적 수축으로 크게 나눌 수 있다.

㉠ 등척성 수축(isometric contraction): 근육의 길이와 관절의 각도가 고정된 상태에서 일어나는 근수축 형태를 말한다.
예 벽 밀기, 플랭크, 철봉에 매달리기 등

㉡ 등장성 수축(isotonic contraction)
· 고정된 중량 부하로 근육의 길이가 변화하면서 힘을 생성하는 근수축 형태를 말한다.
예 일반적으로 웨이트 트레이닝을 말한다.
· 단축성 수축과 신장성 수축으로 분류한다.
· 단축성 수축(concentric contraction)
  - 근육의 길이가 늘어나 있을 때 관절을 구부리며 일어나는 수축 형태를 말한다.
  - 구심성 수축으로 저항의 중력을 극복하여 장력이 발생한다.

- 근육의 길이가 짧아지면서 장력이 발생한다.
· 신장성 수축(eccentric contraction)
- 단축성으로 수축하였던 관절을 펼 때 근육의 길이가 늘어나면서 장력이 발생하는 수축 형태를 말한다.
- 부상과 근 염증의 주원인으로 통증과 부종을 유발할 수 있다.

| 그림 4 **단축성 및 신장성 수축**

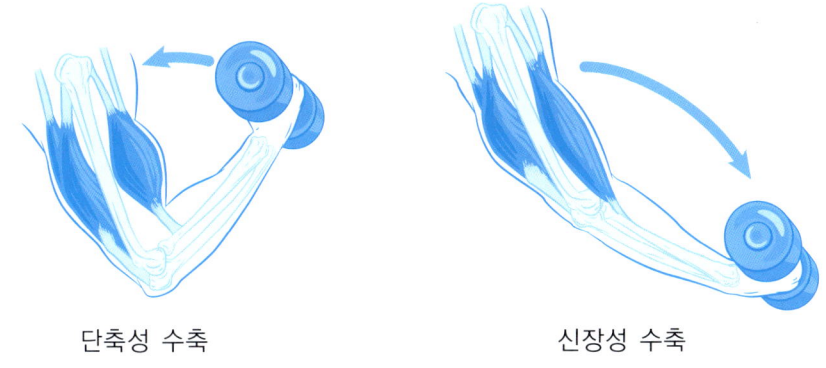

단축성 수축　　　　　　　　신장성 수축

ⓒ 등속성 수축(isokinetic contraction)
· 운동 범위에서 일정한 속도나 무게로 수축하는 운동 형태를 말한다.
· 운동 속도가 고정되어 있고 저항이 가해진 힘에 맞추어 작용하는 근수축을 말한다.
· 회복 운동 및 재활치료에 효과적이다.
· 기계 가격이 비싸기는 하지만 근력 운동의 효율성이 가장 높다.

| 표 5 **근수축의 종류**

구분	구성	장점	단점
정적 수축	등척성 수축 (isometric contraction)	· 부상 위험이 적음 · 재활 운동 초기에 많이 활용 · 언제 어디서든 할 수 있음 · 장비가 필요 없음 · 시간 소비가 적음	· 근력 및 근지구력 효과가 낮음 · 관절이 고정되어 있어 관절 운동 범위가 제한적임

구분	구성	장점	단점
동적 수축	등장성 수축 (isotonic contraction)	• 중량을 자유스럽게 조절하여 근력 향상에 효율적임 • 다양한 운동 방법 적용이 가능함	고강도 운동으로 인한 부상 위험성이 높음
	등속성 수축 (isokinetic contraction)	• 부상의 위험이 낮음 • 힘보다는 속도에 포커스가 맞춰 있기 때문에 모든 가동 범위에서 최대부하를 줌 • 기계 사용으로 측정과 평가가 용이함	• 기계 가격이 비싸기 때문에 쉽게 접하기 어려움 • 전문가에 의해 측정이 가능함

⑥ 근활주설(sliding filament theory)

㉠ 근수축 과정에서 근섬유가 짧아지는 현상에서 장력이 발생하는 과정이 근활주설이다.

㉡ 근수축 과정이 대사 과정에서 지속적으로 끊임없이 반복되어 일어나고 있기 때문에 인체의 움직임이 가능한 것이다.

| 표 6 근수축 과정

수축 단계	수축 과정
안정 단계	액틴과 마이오신 결속이 약한 상태
	↓
자극 결합 단계	신경 자극에 의해 아세틸콜린이 분비되면 근형질세망에서 칼슘 이온이 방출
	↓
수축 단계	액틴과 결합한 마이오신 머리에 ADP, Pi 방출
	↓
재충전 단계	마이오신 머리에 ATP 재충전, ATP가 ADP, Pi로 다시 분해하여 에너지를 공급
	↓
이완 단계	신경 자극이 중단되면 트로포닌으로부터 칼슘 이온이 근형질세망으로 다시 이동

⑦ 성장 호르몬(growth hormone)

㉠ 뇌하수체 전엽에서 분비되는 호르몬이다.
㉡ 체내에서 뼈, 연골 등의 성장에 관여한다.
㉢ 지방 분해와 단백질 합성으로 근육 증가 등 성장을 촉진한다.
㉣ 근육의 성장, 단백질·지방·탄수화물 대사와 모든 조직의 성장에 관여한다.
㉤ 혈중 포도당 이용을 감소시켜 인슐린 활성을 억제한다.

⑧ 인슐린(insulin)

㉠ 췌장의 랑게르한스섬(Langerhans' islet)에 있는 베타 세포에서 분비되는 호르몬이다.
㉡ 인체 내부에서 혈당을 낮추는 기능을 한다.
㉢ 인체 내부에서 직·간접적으로 대사 조절에 관여한다.
㉣ 혈당량이 높아지면 포도당을 세포로 유입시켜 글리코겐으로 저장시켜 혈당을 낮춘다.

⑨ 호흡계

㉠ 호흡계 이동 경로: 기도 → 허파꽈리(폐포) → 가슴우리
㉡ 호흡의 기능
 • 흡기(inspiration): 대기 산소를 인체 내로 들여옴
 • 호기(expiration): 세포에서 생성된 이산화탄소를 대기로 내보냄

⑩ 심장의 구조와 기능

㉠ 2개의 심방과 2개의 심실

표 7 2심방 2심실

심방	• 혈액의 펌프 역할 • 우심방과 좌심방
심실	• 혈액의 혼합을 방지하는 역할 • 우심실과 좌심실

ⓒ 판막: 혈액의 역류를 방지하기 위해 4개의 판막이 형성되어 있음
- 대동맥판: 대동맥과 좌심실에 있는 대동맥 반월판
- 폐동맥판: 폐동맥과 우심실에 있는 폐동맥 반월판
- 이첨판: 좌심방과 좌심실 사이에 있음
- 삼첨판: 우심방과 우심실 사이에 있음

| 그림 5 심장의 구조와 기능

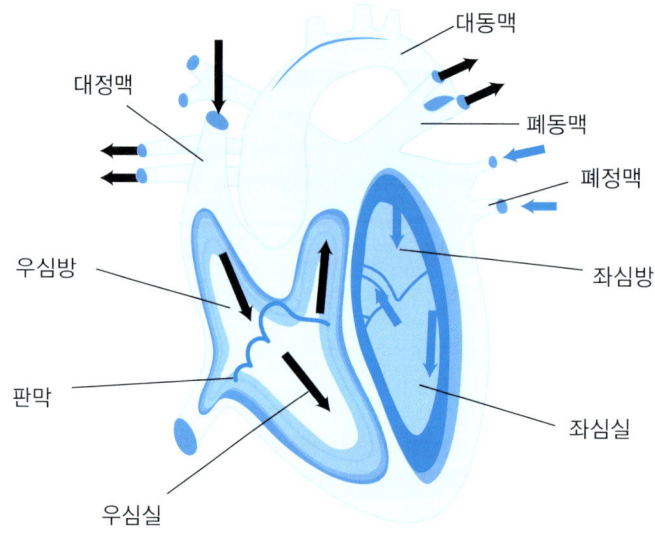

⑪ 혈액 순환

ⓐ 폐순환: 이산화탄소 농도가 높은 혈액이 폐를 순환하면서 이산화탄소를 배출하고 산소를 받아들이는 과정

우심실 → 폐동맥 → 폐 → 폐정맥 → 좌심방

ⓑ 체순환(온몸 순환): 산소 농도가 높은 혈액이 몸 전체를 순환하면서 산소를 전달하는 과정

좌심실 → 대동맥 → 모세혈관 → 대정맥 → 우심방

| 그림 6 혈액 순환 구조

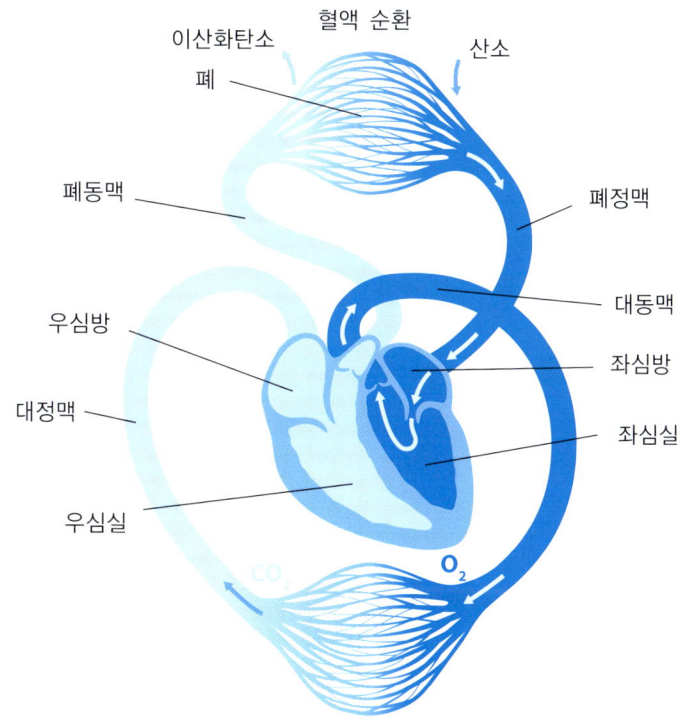

⑫ 체온 조절

　㉠ 고온 환경과 운동

　　· 고온에서의 운동 증가는 땀 분비 증가로 체온을 상승시킨다.
　　· 고온에서의 운동은 글리코겐 이용률과 젖산 생산량을 증가시킨다.
　　· 고온에서의 운동은 교감 신경계 자극 증가와 심박수 증가, 피부혈류량 증가를 가져온다.
　　· 혈장량 감소로 인한 1회 박출량과 혈압이 감소하여 순환 기능을 떨어트린다.
　　· 정맥혈 환류 감소로 박출량이 감소하여 심박수 증가를 유도한다.
　　· 열순응 반응으로 발한율 증가, 전해질 손실 감소 등을 유발한다.

　㉡ 저온 환경과 운동

　　· 신경 전달 비율이 감소하고 피부 열 손실을 차단한다.

・저온 순응 반응: 평균 피부온도 감소, 대사 호르몬 분비 증가에 의한 대사적 열 생성 증가와 말초혈관 확장을 유도한다.

⑬ **기초대사량**(Basal Metabolism): 인체가 생명을 유지하는 데 필요한 최소한의 에너지량

⑭ 축구 선수들을 위한 5대 영양소
- ㉠ 탄수화물
- ㉡ 단백질
- ㉢ 지방
- ㉣ 무기질
- ㉤ 비타민

2 운동역학

1) 운동역학(sports biomechanics)의 정의
① 생물학적 체계의 구조와 기능에 대한 연구에 역학적 원리와 방법을 적용한 학문
② 역학은 힘을 받는 물체의 운동이나 형태의 변화 등을 연구하는 학문임
③ 스포츠 기술 수행 중 근육, 관절, 뼈대의 움직임에 대한 원리와 결과를 연구하는 학문

2) 운동역학의 필요성
① 과학적인 지식을 기반으로 운동학습 효과를 극대화
② 과학적인 지식을 기반으로 경기력 향상에 기여
③ 인체의 움직임에 대한 원리를 이해하고 현장 실기 지도에 적용하여 효과적인 훈련 가능

3) 운동역학의 목적

① 스포츠 동작 기술 개발

② 운동 기술 발달을 통한 경기력 향상

③ 운동 장비 개발

④ 운동 수행 안전성 확보 및 운동 손상 분석

4) 해부학적 자세

① 시선은 전방을 향하고 인체를 곧게 세운 직립 자세

② 팔은 몸통 양옆으로 자연스럽게 늘어뜨린 상태에서 손바닥을 펴 앞을 향하도록 한 자세

③ 인체의 부위별 위치와 운동 동작에서 기준이 되는 자세

5) 관절의 기능

① 경첩관절(hinge joint)

㉠ 경첩처럼 한 방향으로만 회전이 가능한 관절

㉡ 팔꿈치관절, 무릎관절, 손가락관절 등

② 회전관절(pivot joint)

㉠ 중쇠관절이라고도 함

㉡ 뼈 위에 다른 뼈의 구멍이 끼워져 있어 회전이 가능한 관절

㉢ 정강뼈, 종아리뼈, 목뼈 등

③ 안장관절(saddle joint)

㉠ 관절면이 말안장을 포개 놓은 것 같이 생긴 관절

㉡ 관절에 위치하고 있는 뼈가 앞뒤 이동이 가능하고 좌우로 회전 가능한 관절

㉢ 엄지의 손허리 손가락 관절에서 볼 수 있음

④ 타원관절(ellipsoidal joint)

㉠ 타원형처럼 오목하고 볼록한 면을 갖는 관절

ⓒ 손목관절이 대표적인 타원관절에 속함
ⓒ 손목관절에서는 굴곡(flexion), 신전(extension), 외전(abduction), 내전(adduction) 등과 같은 운동이 연결되어 나타나는 회선(circumduction) 운동이 가능하나 회전(rotation)은 제한됨

⑤ 절구관절(ball and socket joint)
㉠ 관절 형태가 절구(소켓) 모양을 띠고 있어 절구관절이라고 함
㉡ 어깨관절(견관절)과 엉덩관절(고관절)이 대표적임
㉢ 3축 관절(자유도3)로 구성되어 운동 범위가 넓으나 약한 것이 단점

⑥ 평면관절(plane joint)
㉠ 두 관절면이 평면 형태를 띠고 있어 서로 미끄러지는 운동만 일어나는 관절
㉡ 척추돌기사이관절, 손목뼈사이관절, 손목허리관절, 발목뼈사이관절 등이 있음

> **완전정복 TIPS**
>
> **관절의 자유도(degree of freedom)**
> - 관절 운동에서 허용되는 독립적인 움직임의 방향의 수를 의미함
> - 자유도1(팔꿈관절), 자유도2(손목관절), 자유도3(어깨관절)

6) 관절 운동

관절 운동은 근육의 수축과 이완을 통해 관절의 움직임을 유도하는 운동을 말한다.

① 굴곡과 신전
㉠ 굴곡(Flexion): 근수축에 의해 관절 각도가 좁아지는 현상
㉡ 신전(Extension): 근수축에 의해 관절 각도가 넓어지는 현상
㉢ 팔 운동에서 암컬(am-curl) 동작

② 외전과 내전

　㉠ 외전(Abduction): 팔, 다리를 중앙선에서 멀어지게 하는 동작(다리 벌리기)
　㉡ 내전(Adduction): 팔, 다리를 중앙선에서 가까워지게 하는 동작(다리 모으기)

③ 배측굴곡과 저측굴곡

　㉠ 배측굴곡(Dorsif lexion): 발끝을 정강이 쪽으로 끌어 올리는 동작
　㉡ 저측굴곡(Plantar flexion): 발끝을 지면 쪽으로 끌어 내리는 동작

④ 외회전과 내회전

　㉠ 외회전(External rotation): 선 자세에서 주관절을 90도 구부린 상태로 팔꿈치를 몸에 부착하고 팔을 최대한 외측으로 돌리는 상태
　㉡ 내회전(Internal rotation): 선 자세로 주관절을 90도 구부린 상태에서 팔꿈치를 몸에 부착하고 움직이지 않도록 고정한 다음 팔을 최대로 내측으로 돌리는 상태

⑤ 외번과 내번

　㉠ 외번(Eversion): 발바닥을 몸 바깥쪽으로 뒤집기 동작
　㉡ 내번(Inversion): 발바닥을 몸 안쪽으로 뒤집기 동작
　㉢ 발목 운동에서만 일어나는 동작

⑥ 회선(Circumduction): 팔을 쭉 편 상태로 팔 전체를 둥그렇게 돌리는 동작

⑦ 맞서기(Opposing): 물건을 집는 동작으로 엄지손가락과 다른 손가락을 마주 대는 상태

7) 인체의 안정성

① 인체와 물체가 정적 또는 동적 자세의 균형을 유지하는 상태
② 기저면이 넓을수록 안정성 확보
③ 무게 중심이 낮고 체중이 무거울수록 안정성 확보
④ 인체의 수직 중심선이 기저면 중앙에 가까울수록 안정성 확보

8) 인체의 구조와 특성

① 인체 구조에서 지레의 원리

㉠ 인체의 동작은 지레의 원리에 의해 움직임이 가능
㉡ 인체 지레의 대부분은 3종 지레의 원리에 의해 작용
㉢ 일상생활과 운동 시 힘을 쓸 때 작용

② 지레의 종류

표 8 지레의 종류와 원리		
1종 지레	• 힘점(F), 받침점(A), 작용점(W) • 받침점이 힘점과 작용점 사이에 위치 • 시소, 가위, 저울 등 • 목관절 신전, 윗몸일으키기(V) 모양	제1종 지레 (F-A-R)
2종 지레	• 받침점(A), 작용점(W), 힘점(F) 순서로 위치 • 손수레, 병따개, 작두의 원리 • 발뒤꿈치 들고 서기, 팔굽혀펴기 동작	제2종 지레 (A-R-F)
3종 지레	• 받침점(A), 힘점(F), 작용점(W) 순서로 위치 • 핀셋, 젓가락, 낚싯대 등의 원리 • 팔꿈치 굴곡, 윗몸일으키기 동작	제3종 지레 (A-F-R)

9) 힘의 정의와 종류

① 힘(Force)

㉠ 힘이란 움직임을 일으키는 원인으로 크기와 방향이 모두 있는 벡터 물리량이라 한다.
㉡ 단위는 뉴턴(N)이다.

② 힘의 3대 요소
　㉠ 방향
　㉡ 크기
　㉢ 힘의 작용점
③ 힘의 크기와 방향이 같으면 동일한 힘을 일으키고 크기와 방향이 다르면 물체에 미치는 힘은 달라진다.
④ 힘의 종류

표 9 힘의 종류와 특성	
내력	어떤 물체에 대해 외부에서 힘을 가했을 때 그 형상을 유지하기 위해 내부에서 버티는 힘
외력	어떤 물체에 대해 외부에서 가하는 힘
중력	• 물체(인체)를 지구 중심방향으로 끌어당기는 힘 • 물체의 질량과 중력가속도의 곱 • 물체의 질량과는 비례하지만 거리의 제곱에는 반비례함 • 지구 표면의 중력이 가장 크게 작용하고 지구 표면에서 멀어질수록 중력은 제곱에 비례하여 줄어듦
마찰력	• 물체가 다른 물체를 만날 때 접촉면에 생기는 운동을 방해하는 반대 방향의 힘 • 물체가 움직이고 있거나 또는 움직이려고 할 때 나타나는 힘 • 접촉면이 거칠수록 마찰력은 커짐 • 물체의 접촉면 형태와 성분은 마찰계수에 영향을 줌
압력	• 물체가 누르는 힘 • 중력에 비례 • 접촉면에 반비례
부력	중력이 작용할 때 물 혹은 공기에 있는 물체 무게의 반대 방향으로 작용하는 힘 예 물에서 잠수를 하면 체중의 무게는 위에서 누르지만 신체는 위로 뜨는 성질
항력	• 공기에 의해 선수에게 가해지는 반작용력 • 공기나 물속에서 움직이는 물체 운동의 반대 방향으로 작용하는 저항력 • 접촉면에 반비례
양력	공기나 물속의 물체에 운동 방향의 수직 방향으로 작용하는 힘

10) 뉴턴의 운동 법칙

표 10 뉴턴의 운동 법칙

관성의 법칙	• 관성: 물체가 운동하고 있는 상태에서나 정지한 상태에서 원래의 상태를 유지하려는 성질 • 물체의 힘이 외부로부터 힘이 작용하지 않거나 작용하는 힘의 합이 0(zero)이면 정지하고 있던 물체는 계속 정지해 있음 • 운동하던 물체는 계속 운동이 가능함 • 관성의 크기는 물체의 질량에 비례 • 버스의 급출발 또는 급정지 시 몸이 앞으로 쏠리거나 뒤로 쏠리는 현상
가속도의 법칙	• 물체가 외부로부터 힘이 가해지면 가속도가 생김 • 가속도는 힘에 비례하고 질량에 반비례 • 가속도(a) = 작용한 힘(F) / 물체의 질량(m) • 물놀이 기구 타기: 워터 슬라이드에서 내려올 때의 현상
작용·반작용의 법칙	• 물체에 힘이 가해지면 항상 크기가 같으며 방향이 정반대인 반작용의 힘이 동시에 작용하는 원리 • 보트(배)를 타고 노 젓기를 하면 앞으로 나가는 현상

11) 운동량

① 운동량 = 질량 × 속도

② 축구 선수의 킥 동작에서 다리의 좋은 스윙 동작은 빠르고 강한 볼을 구사
　　(생성된 운동량)

12) 토크와 관성모멘트

① 토크(힘의 모멘트, 회전효과)

　㉠ 물체에 작용하여 물체를 회전시키는 원인이 되며 물리량으로서 비틀림 모멘트라고 함

　㉡ 힘의 작용하는 방향이 다르면 토크가 달라짐

　㉢ 토크의 2가지 요소는 작용하는 힘과 모멘트 암

　㉣ 물체의 질점(중앙)에 힘을 가해지면 직선운동이 발생

　㉤ 물체의 질점을 벗어나면 곡선운동과 회전운동이 동시에 발생

ⓑ 물체의 질점을 벗어난 방향으로 작용하는 힘을 이심력(eccentric force)이라고 함

ⓢ 이심력이 물체에 작용할 때 물체 내의 고정된 점이 있으면 회전운동만 발생함

② 관성모멘트

㉠ 회전축을 중심으로 회전하는 물체가 계속해서 회전을 지속하려고 하는 성질

㉡ 외부의 힘이 작용하지 않을 때 관성모멘트가 클수록 각속도가 작아지는 성질

㉢ 질량이 회전축으로부터 멀어질수록 관성모멘트는 커짐

㉣ 어떤 물체를 회전시키려 할 때 잘 돌아가지 않으려는 속성, 결과적으로 관성모멘트를 줄여야 회전력을 높이고 회전속도가 빨라짐(피겨 스케이팅 선수가 회전할 때 양팔을 벌릴 때와 모았을 때)

㉤ 관성모멘트의 크기는 물체의 질량과 회전반경이 클수록 증가

13) 일에 대한 개념

① 일(Work)

㉠ 물체에 힘이 작용하여 작용된 힘의 방향으로 물체가 이동했을 때 작용한 힘

㉡ 일(N · m) = 작용하는 힘 × 힘 방향의 변위

㉢ 1N · m = 1 Joule(줄)

② 일률(Power)

㉠ 일을 얼마나 빠르게 수행하였는지의 결과(일/시간)

㉡ 일률 = 작용하는 힘 × 힘 방향의 속도

㉢ 운동 수행 중의 순발력(power)은 무산소성 파워와 유산소성 파워로 분류

㉣ 1W = 1J/S = 1N · m/s

14) 에너지의 정의와 특성

① 에너지

㉠ 일을 할 수 있는 능력을 말하며 일의 단위는 J

㉡ 역학적 에너지: 운동, 위치, 탄성 에너지로 구분함(역학적 에너지에 의한 운동 종목은 장대높이뛰기)

② 에너지 종류

| 표 11 에너지 종류와 특성

운동 에너지	・물체가 운동할 때 지니는 에너지 ・움직이는 물체가 정지 상태에 비해서 얼마나 더 많은 에너지를 갖고 있는지를 나타내는 물리량 ・질량(m)이 크고 속도(v)가 빠르게 움직이는 물체일수록 운동에너지는 커짐 ・운동 중 물체가 충돌할 때 힘은 운동에너지와 비례, 힘이 작용된 거리에 반비례
위치 에너지	・높은 곳에 있는 물체가 높이에 따라 갖게 되는 에너지 ・질량과 높이에 따라 비례 ・최고 높은 곳에서의 에너지가 가장 큼
탄성 에너지	・탄성 변형에 의해 물체 내에 축적되는 에너지 ・탄성체의 변형이 없어지는 동안에 탄성력이 하는 일의 양을 탄성에 의한 힘이라 함

| 그림 7 운동과 위치 에너지

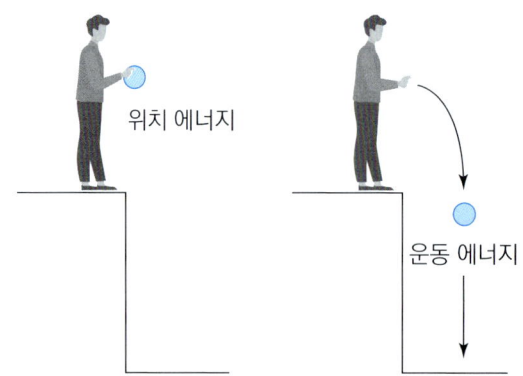

15) 동작 분석의 개념과 종류

① 동작 분석 개념
- ㉠ 인체 움직임 또는 동적인 스포츠 동작을 정-동 역학적으로 분석하는 방법
- ㉡ 정량적 분석: 장비를 통해 산출된 정보의 객관적 수치화 적용
- ㉢ 정성적 분석: 지도자 경험을 토대로 분석. 현장 적용이 빠르나 객관성이 떨어짐

② 영상분석 변인
- ㉠ 가속도
- ㉡ 각도(자세)
- ㉢ 속도

③ 종류
- ㉠ 2차원 영상분석
  - 1대의 카메라를 사용하여 2차원상에서의 평면 운동 분석
  - 단일 평면 내에서 이뤄지는 운동에 국한하여 운동체에 대한 정보를 제공
  - 걷기 동작 등
- ㉡ 3차원 영상분석
  - 2대 이상의 카메라 사용
  - 인체 운동을 3차원 공간적으로 분석
  - 2차 분석 방법의 문제점을 해결: 투시 오차 해결
  - 영상분석의 절차: 설계 → 촬영 → 디지털 파일 변환 → 분석 → 피드백

3 스포츠 심리학

1) 스포츠 심리학의 정의

① 스포츠 상황에서의 인간 행동을 연구하는 학문
② 스포츠 상황에서 인간의 생각, 감정, 행동을 연구하는 응용과학

2) 운동 제어(motor control) 개념

① 인간이 어떻게 운동을 일으키고 운동을 제어하는가를 밝히는 학문
② 인간의 운동 생성 기전과 원리를 규명하는 학문
③ 정보처리 이론, 운동 제어, 운동 법칙의 연구 영역을 포함

3) 운동학습의 개념

① 운동 경험과 연습에 의해 어떤 자극에 대한 반응이 변화하는 것
② 인체의 반응은 운동학습에 의한 변화로 학습을 통해 얻고, 움직임과 운동으로 나타남
③ 숙련된 운동 수행을 위한 반복적 경험과 영구적 변화를 유도하는 일련의 내적 과정
④ 운동학습은 연습과 경험에 의해 나타나고, 직접 관찰할 수 없음

4) 학습 동기

① 인간의 행동을 일으키는 원초적인 힘으로 동기부여(motivation)라고 함
② 학습 동기 수준에 따라 학습능률의 차이가 나타남
  ㉠ 학습 속도 결정: 학습 동기 수준이 높으면 학습 속도가 빠름
  ㉡ 학습 목표가 크면 달성 정도가 크게 나타남
  ㉢ 학습 동기 수준이 높으면 학습의 오류가 적음

5) 학습 전이

이전에 학습했던 내용이 후속 내용에 영향을 주는 학습 효과
① **긍정적 전이**: 사전 학습이 후속 학습에 긍정적으로 영향을 미침
② **부정적 전이**: 사전 학습이 후속 학습에 부정적으로 영향을 미침
③ **수평적 전이**: 특수 분야의 학습 내용이 다른 분야에도 영향을 미침
④ **수직적 전이**: 한 행동 수준의 학습이 그보다 차원이 높은 행동 수준의 학습을 촉진

6) 연습

어떠한 목적을 달성하기 위해 반복적으로 운동하는 일련의 과정

표 12 학습방법

전습법	• 학습범위를 한꺼번에 학습하는 방법 • 비교적 단시간의 운동 수행 기술 연습에 효과가 뛰어남 • 망각, 시간과 노력이 적게 들어 반복이 적음 • 숙련자에게 적합
분습법	• 운동 기술 요소를 몇 개의 하위 단위로 나누어 학습하는 방법 • 훈련의 연속성과 긴 시간 기술 훈련에 적합 • 학습효과가 빠르게 나타남 • 초보자에게 적합

7) 피드백(feedback)

① 학습자의 학습 행동에 대하여 교수자가 적절한 반응을 보이는 일
② 기술 습득 과정에서 동적 조절을 위해 감각 정보를 사용하여 학습자의 오류를 수정하는 일
③ 신경계통은 피드백 과정을 통해 운동 수행 능력을 향상시키는 일

8) 피드백의 기능

학습자의 불필요한 행동을 줄여주고, 무엇을 수정해야 하는지에 대한 정보를 제공하는 기능을 가지며 현재의 운동 수행을 유지하며 성공적인 자신의 운동 수행을 위한 자신감 강화 기능을 갖는다.

9) 운동 발달의 개념

인간은 시간 흐름에 따른 움직임의 변화과정과 그 과정에 영향을 주는 유전적, 환경적 요인을 양적 증가의 측면에서 성장이라고 한다. 이 단계를 거쳐 질적 변화의 측면에서의 성숙단계로 이어지면서 머리를 가누기부터 달리기까지 신체적 능력이 순서에 따라 움직임을 갖게 되는데 이를 운동 발달이라고 한다.

10) 운동 발달의 기본 가정

① 개인의 차이 존재
② 결정적 시기 존재
③ 환경적 요인에 영향을 받음

11) 운동 발달의 원리

① 분화와 통합 과정을 거쳐 발달
② 일정한 순서와 방향성에 따라 발달
③ 유전과 환경적 상호 작용에 의해 발달

12) 성격의 특성

표 13 성격의 종류와 특성

독특성 (uniqueness)	같은 환경에서 성장하였더라도 개인의 차이에 따라 사고 및 판단, 행동이 다름
일관성 (consistency)	시간 및 상황이 바뀌어도 일관성을 가짐
경향성 (tendency)	생각하며, 느끼며, 행동하는 중에 나타나는 어떤 것

13) 불안의 개념

불쾌한 일이 예측되거나 위험한 일이 일어날 것처럼 느껴지는 불쾌한 정동 또는 정서적 상태

14) 불안의 종류와 특성

표 14 불안의 종류와 특성

특성 불안 (trait anxiety)	• 불안을 일으키는 특별한 대상이나 사건과 상황이 없는데도 불구하고 지속적으로 불안감을 보이고 본인 행동에 대한 확신과 믿음을 갖지 못하는 상태 • 개인 성격의 한 측면으로 개인적인 특성과 기질 • 상태 불안의 강도 및 빈도와 관련성이 높음

상태 불안 (state anxiety)	• 불안을 일으키는 특별한 대상 및 상황, 예측되는 실패 등에 대한 염려로 긴장감, 초조감 등을 느끼는 상태 • 자율신경계의 각성을 수반하는 불유쾌한 정서적 반응(Landers, 1980) • 체조 경기에 앞서 시범을 보인 선수가 고난이도의 기술을 무난하게 펼쳤을 때 상태 불안이 발생할 수 있음
경쟁 불안 (competitive anxiety)	• 경기 수행 중 발생하는 경쟁 상황에서 선수가 느끼는 불안정한 심리 상태 • 경쟁 불안은 경쟁특성 불안과 경쟁상태 불안으로 구분

15) 경쟁 불안 원인

표 15 경쟁 불안의 원인과 내용

인지적 요인	• 불안을 느끼는 사람의 선천적 기질과 경향 • 구성원(부모, 형제, 친구 등)들로부터 능력을 인정받아야 한다는 생각
상황적 요인	• 실패에 대한 두려움 • 신체적 불만 • 경기 도구가 신체에 맞지 않아 느끼는 부적감 • 통제 상실
생리적 요인	비합리적 생각으로 자율신경계의 각성수준을 높여 신체적 긴장을 유발

16) 목표 설정 방법

① 구체적인 목표 설정(정량화)
② 어려우면서 실현 가능한 목표 설정
③ 장/단기 목표 설정에서 단기 목표는 구체적으로 설정
④ 수행 및 연습 목표 설정
⑤ 긍정적인 목표 설정

17) 자신감 이론

① 자신감

　㉠ 자신의 능력이나 가치에 대한 신념과 의지

ⓒ 축구 경기에서 크로스 기술을 성공적으로 수행할 수 있다는 믿음과 확신을 스포츠 자신감이라고 함

② 자기효능감
  ㉠ 정의: 개인이 어떤 일을 잘할 수 있다는 자신만의 신념
  ㉡ 자기효능감 형성
    · 축구 선수 훈련 중 훈련 목표 달성을 위해 시도한 결과의 성공과 실패를 통해
    · 스타플레이어의 성공과 실패를 통해(간접 경험)
    · 감독으로부터 경기를 잘할 수 있다는 언어적 설득을 통해(언어적 설득)
    · 개인의 정서적 각성수준을 통해(불안 및 좌절 등 정서적 반응 조절 능력에 따라)

18) 주의집중 향상 기법

① 모의 훈련: 시합을 재현할 수 있는 상황에서의 훈련
② 격자판 연습: 0부터 99까지 숫자가 임의로 적혀있는 숫자판을 이용하여 코치의 지시에 따라 훈련
③ 과제지향 목표 설정: 목표 달성을 위한 계획 수립(선수)
④ 수행 전 루틴개발 연습
  ㉠ 초점 맞추기를 비롯해 시곗바늘 움직이기, 참석 훈련 등
  ㉡ 조절할 수 있는 것에 집중, 수행 전 루틴을 개발하여 연습에 참여

19) 루틴

선수들이 최상의 운동 수행을 유지하기 위해 습관적으로 하는 일관성 있는 행동

20) 집단응집력

① 집단이 갖는 특징으로서 집단의 통일과 화합 등을 의미
② 집단 구성원이 그 집단 내에 머물게 작용하는 힘
③ 집단 구성원들이 하나로 뭉치는 힘

21) 응집력 요인

① 환경적 요인: 주변 상황이 선수들을 하나의 집단 구성원으로 묶어놓은 힘
② 개인적 요인: 선수 개인의 특성과 성향 등
③ 팀 요인: 팀의 과제, 승리의 열망, 집단이 지향하는 목표 등
④ 리더십 요인: 지도자의 행동 및 리더십, 선수와 소통 등

22) 리더십 개념

① 개인 또는 집단의 공통 목표를 효과적으로 달성할 수 있도록 안내하는 것
② 집단목표를 선정하는 활동, 집단목표를 실현시키는 활동, 구성원 간의 상호작용의 질을 높이는 활동(Cartwright, 1968)

23) 리더십의 특성이론

① 지도자에게 필요한 인성 및 특성은 타고남
② 성공적인 리더의 성격 특성(Stogdill, 1948)
  ㉠ 지능
  ㉡ 성취동기
  ㉢ 책임감
  ㉣ 참여
  ㉤ 사회적 지위

PART
02

축구 실기 완전정복

SOCCER

CHAPTER 01	리프팅
CHAPTER 02	패스
CHAPTER 03	드리블
CHAPTER 04	슈팅

CHAPTER 01

리프팅

출처 : 유튜브 채널 KFATV_대한민국 축구지식채널

● 축구 기본 기술

축구 전문 스포츠지도사가 갖추고 있어야 할 축구 기본 기술은 리프팅, 패스, 드리블, 슈팅과 같이 4개의 영역으로 나눌 수 있으며, 하단의 〈표 1〉에서 세부 기술을 분류하였다. 세부 기술을 분류한 이유는 축구 전문 스포츠지도사는 세부 기술을 모두 수행할 수 있는 능력을 지니고 있어야 하기 때문이다.

축구 전문 스포츠지도사 자격 취득을 위해서 〈표 1〉에서 제시한 기술 4가지를 실기 시험 종목으로 선정하였다. 실기 완전 정복을 위해 이를 구체적으로 설명을 하고자 한다.

표 1 축구 전문 스포츠지도사를 위한 기술 분류

기술 분류	세부 기술	점수
리프팅	발등 리프팅, 인사이드 리프팅, 무릎 리프팅, 머리 리프팅	25
패스	인사이드 패스, 아웃사이드 패스, 인스텝 패스, 힐 패스	25
드리블	아웃사이드 드리블, 인사이드 드리블	25
슈팅/킥	인사이드 킥, 아웃사이드 킥, 인스텝 킥, 힐 킥, 토 킥	25
합계		100

1 리프팅(Lifting)

1) 리프팅의 개념

① 리프팅은 신체 부위(발등, 인사이드, 무릎, 머리, 어깨 등)를 이용하여 볼(ball)을 공중에서 떨어트리지 않고 연속으로 바운드하는 기술을 말한다.
② 축구 기술을 습득하기 위해서는 리프팅 기술을 먼저 습득해야 한다.

2) 리프팅 기술의 필요성(4가지)

① 볼(ball)에 대한 감각 훈련
② 볼(ball)과 친해지기 위해
③ 볼(ball)을 다룰 때 몸의 균형을 유지하기 위해
④ 축구 기술 중 가장 기본이 되는 기초 훈련이기 때문에

3) 리프팅의 목적

① 발등 리프팅의 목적

  ㉠ 발목 고정을 통한 정확한 슈팅 능력 향상
  ㉡ 발목 고정을 통한 정확한 킥 능력 향상
  ㉢ 발의 감각 발달로 볼(ball) 컨트롤 능력 향상

② 인사이드 리프팅의 목적

  ㉠ 인사이드 발목 고정을 통한 정확한 패스 능력 향상
  ㉡ 인사이드 발목 고정을 통한 볼(ball) 컨트롤 능력 향상

③ 무릎 리프팅의 목적

  ㉠ 볼(ball) 컨트롤 능력 향상
  ㉡ 몸의 균형 유지에 도움

④ 머리 리프팅의 목적

  ㉠ 헤더를 위한 감각 능력 발달
  ㉡ 머리를 이용한 슈팅 능력 향상
  ㉢ 머리를 이용한 볼(ball) 컨트롤 능력 향상

그림 1 인스텝 리프팅	그림 2 인사이드 리프팅

그림 3 가슴 리프팅	그림 4 무릎 리프팅

4) 코칭 방법

① 발등(인스텝) 리프팅

㉠ 발등 리프팅 연습을 통해 어느 정도 감각을 익혔을 때 인사이드 → 무릎 → 머리 → 가슴 등의 순서로 연습을 한다.

㉡ 볼(ball)이 떨어지는 중심부위에 발등을 맞춘다는 생각으로 리프팅을 해야 한다. 볼(ball)은 차면 차는 방향으로 나가는 성질을 갖고 있다. 따라서 차는 것이 아니라 떨어지는 위치를 찾아 발등에 맞추는 것이다.

㉢ 발등에 볼을 맞출 때 지면에 가까운 높이보다는 무릎보다 약간 낮은 높이에서 맞추는 것이 리프팅을 하기가 수월하다.

㉣ 발등 리프팅 자세는 다리를 약간 구부리고 발등을 편 상태에서 낮은 자세를 유지하여 안정감을 찾아야 한다.

㉤ 리프팅을 할 때 시선은 항상 볼(ball)을 주시해야 한다.

㉥ 볼(ball)이 몸 쪽으로 회전한다는 것은 발등이 펴지지 않았다는 것이다. 앞쪽으로 나가는 것은 발등이 너무 펴진 상태라는 것을 의식하면서 리프팅을 하게 되면 발등을 펴는 정도를 정확하게 인지할 수 있다.

㉦ 초보자의 경우 처음에는 손을 이용하여 발등에 맞추는 연습을 하고, 5개 이상 리프팅을 할 때부터는 발로 볼(ball)을 위로 올려 연습을 해야 한다.

㉧ 5개 이상 리프팅을 하게 되면 발등에 볼(ball)이 맞고 위로 올라오는 성질을 이해하게 될 것이고 일정한 리듬에 맞춰 리프팅을 하게 된다. 이와 같이 리프팅의 원리를 깨닫는 것이 중요하다.

㉨ 제자리 연습 후 익숙해지면 방향 전환과 움직이면서 연습을 한다.

㉩ 실기평가 방법에 따라 연습을 해야 한다.

㉪ 리프팅 개수(목표 설정)를 정해 놓고 연습하게 되면 훈련의 효율성을 높일 수 있다.

② 무릎(허벅지) 리프팅

㉠ 발등 리프팅으로 연결하여 무릎으로 리프팅을 연습한다.

㉡ 무릎 리프팅 시 볼(ball)이 수직으로 올라갈 수 있도록 허벅지로 리프팅을 한다.

ⓒ 왼쪽과 오른쪽을 교차로 떨어트리지 않고 연속으로 리프팅 연습을 한다.

ⓓ 왼쪽 발등 → 왼쪽 무릎, 오른쪽 발등 → 오른쪽 무릎 형태로 같은 발, 같은 무릎으로 리프팅을 할 수 있도록 연습해야 한다.

③ 머리 리프팅

ⓐ 발등 3회 → 무릎 3회 → 머리 3회로 볼(ball)을 연결하여 순차적으로 올려 리프팅 연습을 한다.

ⓑ 양발은 어깨 넓이로 벌리고, 무릎은 약간 구부린 상태에서 고개를 완전히 뒤로 고정한 후 이마를 이용하여 리프팅을 한다.

ⓒ 볼(ball)이 떨어지는 낙하지점을 찾아 이마 중심부위에 볼을 맞추고 리듬을 타면서 리프팅을 한다. 발등 리프팅의 원리를 생각해야 한다.

④ 가슴

ⓐ 가슴은 리프팅이라는 용어를 쓰기보다는 가슴 트래핑이 바른 표현이다.

ⓑ 발등 → 인사이드 → 무릎 → 머리 → 가슴 순의 반복 연습을 통하여 축구 기초 기술 습득이 가능하다.

완전정복 TIPS

리프팅 연습
- 몸의 힘을 뺀 상태에서 자연스러운 자세로 볼을 주시하여야 한다.
- 지면과 무릎 높이의 중간 지점에서 볼(ball)을 터치해야 한다.
- 리프팅은 차는 것이 아니고 볼의 낙하지점을 찾아 볼의 중심을 발등에 맞추는 것이다.
- 인스텝 리프팅이나 인사이드 리프팅, 무릎 리프팅 등은 좌우 발이나 무릎을 번갈아 가며 연습하도록 한다.
- 처음에는 한 가지씩 리프팅 연습을 하다가 차츰 여러 가지 리프팅 기술을 병행하여 연습하도록 한다.
- 왼발 → 왼 무릎, 오른발 → 오른 무릎 형태로 연습해야 한다.
- 시험은 동일한 발과 무릎으로 리프팅 한 것만 점수로 인정한다.

5) 실기평가 영역

▶ 실기평가 진행 방법

① 자신의 이름과 수험번호를 말한다.
② 리프팅 연습 후 볼(ball)을 정지하고 준비되었음을 심사위원에게 말한다.
③ 심사위원의 시작 신호와 함께 발을 이용하여 리프팅을 시작한다.
④ 볼(ball)을 발등, 무릎을 이용하여 리프팅 5세트를 진행해야 하며, 세트 인정을 받기 위해서는 항상 같은 발을 사용하여 리프팅을 해야 한다. 인정과 불인정의 예시는 다음과 같다.
　㉠ 오른발 → 오른쪽 무릎, 왼발 → 왼쪽 무릎(인정)
　㉡ 오른발 → 오른쪽 무릎, 오른발 → 오른쪽 무릎(인정)
　㉢ 오른발 → 왼쪽 무릎 (불인정)
⑤ 리프팅 중 볼(ball)이 땅에 떨어지는 경우 떨어진 위치에서 이어서 다시 시작해야 한다.
⑥ 리프팅 중 볼(ball)을 손으로 터치하는 경우 처음 시작 지점에서 다시 시작해야 한다.
⑦ 반환점에서 양쪽 발이 모두 들어가지 않고 완주하였을 경우 최저 점수 부여(E등급)
⑧ 편도 볼(ball) 터치 10회 미만의 경우 최저 점수 부여(E등급)
⑨ 30초 시간 초과의 경우 최저 점수 부여(E등급)

표 2 리프팅 배점 기준

평가	등급	점수
발등 → 무릎 순으로 5세트 성공	A	25
발등 → 무릎 순으로 4세트 성공	B	20
발등 → 무릎 순으로 3세트 성공	C	15
발등 → 무릎 순으로 2세트 성공	D	10
발등 → 무릎 순으로 1세트, 시간 초과, 반환점 미완주, 10회 미만 볼 터치	E	5

그림 5 리프팅

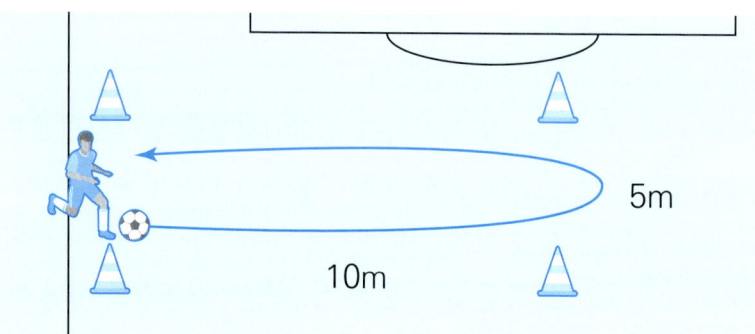

- 10m×5m 범위 지역 왕복
- 제한 시간 30초
- 갈 때 10회×올 때 10회 이상 볼 터치
- 발등 - 무릎 연결 동작 1세트 인정

CHAPTER 02 패스

1 패스(Pass)

1) 패스의 개념

① 패스는 축구 경기에서 가장 중요한 기술적 요인으로 득점의 효율성을 높이기 위한 수단으로 활용되고 있으며 선수와 선수가 발과 머리 등 신체 부위를 이용하여 서로 연결하는 기술 동작을 말한다.
② 패스는 서비스라는 개념을 갖고 해야 한다. 패스하는 사람 위주가 아니고 받는 사람 위주로 패스를 해야 한다는 뜻이다.
③ 패스는 반복 훈련을 통해 향상시킬 수 있다.
④ 패스의 종류와 특징은 다음과 같다.

표 1 패스 종류 및 특징

패스 종류	특징
인사이드 패스	• 발 안쪽의 면적이 넓고 아치가 형성된 곳으로 하는 패스 • 가까운 패스, 빠르고 정확성을 요구할 때 사용함 • 정확성과 안정감 확보
인스텝 패스	• 패스 거리가 멀어 빠르고 강한 패스를 요구할 때 사용 • 발목을 세워 발등 전체에 볼이 닿도록 함
아웃사이드 패스	• 축구화 바깥쪽을 말하며, 새끼발가락의 끝 쪽으로 발목 스냅으로 하는 패스 • 순간적인 패스를 요구할 때 사용
힐 패스	뒤꿈치 패스로 상대 수비수를 속일 때 사용

2) 패스의 필요성

① 현대 축구는 압박 축구 성행에 따른 전술 발달로 득점의 기회가 점점 어렵기 때문에 패스의 중요성이 부각된다.
② 체력 소모를 최소화하기 때문에 패스가 필요하다.
③ 축구 경기에서 득점의 효율성이 가장 높기 때문에 패스의 중요성이 강조된다.

표 2 패스의 목적

패스 종류	목적
인사이드 패스	• 인사이드 발목 고정을 통한 정확한 패스 능력 향상 • 인사이드 발목 고정을 통한 볼(ball) 컨트롤 능력 향상 • 페널티킥 성공의 확률을 높일 수 있다.
인스텝 패스	• 발목 고정을 통한 정확한 롱킥이 가능하다. • 발목 고정을 통한 정확한 슈팅이 가능하다. • 발목 고정을 통한 신속하고 정확한 볼(ball) 컨트롤이 가능하다.
아웃사이드 패스	• 순간적인 패스가 가능하다. • 상대편에게 패스 타이밍과 패스 동작에 대한 노출이 잘 안 된다.
힐 패스	• 상대편 수비수를 속이기 쉽다. • 상대편 수비수의 움직임을 인지한 후 패스를 해야 한다.

3) 코칭 방법

▶ 인사이드 패스 훈련

① 패스할 곳을 확인한 후 볼(ball)을 바라본다.
② 디딤발의 위치는 볼과 같은 선상에 위치하고 볼에서 약 15㎝ 떨어진 곳에 놓는다.
③ 체중을 디딤발에 충분히 실은 다음 킥하는 발 안쪽으로 볼(ball)의 중심을 찬다.
④ 볼(ball)을 터치하는 발의 인사이드는 고정된 상태에서 볼을 터치한다.
⑤ 디딤발 끝의 방향에 따라 패스 방향이 결정된다.

｜그림 1 인사이드 패스

- 발목 고정
- 발 안쪽 아치형 부분에 볼을 맞춤
- 시선은 볼(ball)을 주시함

4) 실기평가 영역

▶ 인사이드 패스

① 원하는 방향을 선택한 후 인사이드 패스로 2m 간격의 콘과 콘 사이를 통과해야 한다.
② 8초 이내에 패스 구역을 통과하는 횟수에 따라 점수를 부여한다.
③ 인사이드 패스한 볼(ball)이 콘에 닿으면 실패로 인정한다(주의 사항).
④ 인사이드 패스한 볼(ball)이 공중에 떠서 콘을 통과하는 경우 실패로 인정한다(주의 사항).
⑤ 패스 구역(작은 정사각형)을 벗어나 패스를 하는 경우 실패로 인정한다(주의 사항).
⑥ 제한 시간 8초를 초과하면 최저 점수 부여(E등급)

｜표 3 인사이드 패스 배점 기준

평가	등급	점수
4개 통과	A	25
3개 통과	B	20
2개 통과	C	15
1개 통과	D	10
0개 통과, 시간 초과	E	5

그림 2 인사이드 패스

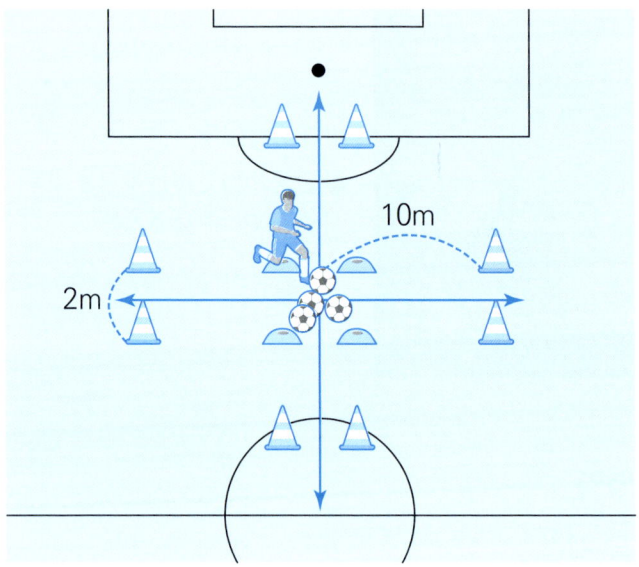

- 10m×2m×(동서남북) 인사이드 패스
- 제한 시간 8초
- 순서에 상관없이 패스 가능
- 볼이 뜨거나 콘에 닿으면 실패
- 중앙 지점 패스 구역을 벗어나 패스하는 경우 실패

CHAPTER 03 드리블

1 드리블(Dribble)

1) 드리블의 개념

① 발로 볼(ball)을 컨트롤하여 이동하는 기술을 말한다.
② 드리블 기술이 개인 전술의 기본이 된다.
③ 드리블할 때 몸에서 볼(ball)이 떨어지지 않아야 한다.
④ 드리블의 종류는 볼(ball)을 터치하는 발의 부위에 따라 다르다.

표 1 드리블 종류 및 특징

종류	특징
인사이드 드리블	발 안쪽의 앞부분을 이용하여 볼의 면적을 넓게 밀고 다니는 동작
아웃사이드 드리블	발 바깥쪽을 이용하여 볼을 밀고 다니는 동작이며 바깥쪽으로 방향 전환할 때 주로 사용한다.
인프론트 드리블	• 발끝 부분을 이용하여 볼을 밀고 가는 동작을 말하며 발목 구조를 보면 드리블하기가 불편하다. • 긴 드리블로 빠르게 전진할 때 사용

2) 드리블의 필요성

① 축구 경기는 1vs1 승부에서 승패가 결정되기 때문에 드리블 능력이 우수해야 한다.
② 축구 전술을 수행하기 위해서는 개인 돌파와 볼(ball)을 소유하는 기술 능력이 필요하다.

3) 드리블의 목적

① 드리블은 돌파의 목적을 갖는다.
② 드리블은 볼(ball)을 소유하는 데 목적이 있다.

4) 코칭 방법

① 볼(ball)을 밀고 다닌다는 개념으로 드리블을 해야 한다.
② 드리블할 때 볼(ball)을 차게 되면 볼은 몸 주위에서 벗어나 상대편에게 빼앗긴다.
③ 몸에 힘을 빼고 고개를 들어 주위를 살피면서 드리블을 해야 한다.
④ 인사이드와 아웃사이드 드리블을 한 번씩 교차로 바꿔가면서 반복 훈련을 해야 한다.
⑤ 드리블 시 볼(ball)을 터치하는 발을 뒷발이 바로 쫓아가 그 자리에 디딤발을 옮겨야 한다.

| 그림 1 인사이드 드리블

| 그림 2 아웃사이드 드리블 | 그림 3 인프론트 드리블

5) 실기평가 영역

▶ 드리블

① 〈그림 4〉에서 보는 바와 같이 콘 사이를 지그재그로 드리블하는 시간을 측정한다.
② 〈표 2〉에서 보는 바와 같이 드리블 소요 시간에 따라 점수를 차등 부여한다.
③ 드리블 중 콘을 터치하는 경우 1초 추가한다(주의 사항).
④ 드리블 진행 방향 이탈의 경우 이탈 지점에서 다시 시작해야 한다(주의 사항).
⑤ 22초 초과 시간이 지나는 경우 최저 점수 부여한다(E등급).

| 표 2 드리블 배점 기준

평가	등급	점수
18초 이내 통과	A	25
19초 이내 통과	B	20
20초 이내 통과	C	15
21초 이내 통과	D	10
22초 이상 통과	E	5

그림 4 드리블

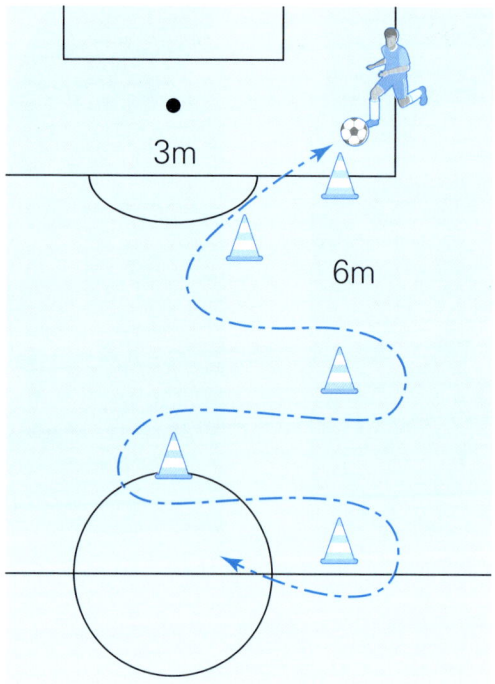

- 5개의 콘 왕복 드리블
- 제한 시간 22초
- 콘을 터치: 1초 추가
- 이탈하는 경우 이탈 지점에서 다시 시작

CHAPTER 04

슈팅

1 슈팅(Shooting)

1) 슈팅의 개념

① 축구 경기에서 득점을 위해 볼(ball)을 발로 차는(kick) 기술을 슈팅이라고 말한다.
② 슈팅은 볼을 찬다고 해서 킥과 혼용하여 사용한다.
③ 볼(ball)을 머리로 득점하는 헤더도 슈팅의 일부이다.
④ 스포츠지도자 시험에서 슈팅은 킥이라고 생각하고 연습을 해야 한다.
⑤ 킥도 패스의 개념을 갖고 있기 때문에 정확성이 우선이다.
⑥ 킥의 복석과 볼(ball)을 차는 발의 부위에 따라 킥 종류를 구분한다.

| 표 1 킥의 종류와 특징

종류	발 부위	목적	장점	단점
인스텝 킥	발등	• 슈팅 • 중장거리 패스 • 코너킥 • 측면 크로스 킥 • 스핀 및 커브	• 정확성 • 강하고 빠른 패스	인사이드 패스 보다 정확성이 떨어짐
인프런트 킥	발등 안쪽		• 킥의 변화가 큼 • 정확한 장거리 패스	
아웃프런트 킥	발등 바깥쪽		• 장거리 패스 • 상대 팀 예측 불허	

종류	발 부위	목적	장점	단점
인사이드 킥	발 안쪽	• 단거리 패스 • 페널티킥	• 안정감 • 정확성	예측이 쉬움
아웃사이드 킥	발 바깥쪽	• 단거리 패스 • 슈팅	• 동작 예측이 어려움 • 볼(ball)의 변화가 큼	킥의 강도가 약함
토 킥	발끝	경합 중 순간적으로 볼(ball)을 걷어내야 할 때	빠름	• 안정성이 떨어짐 • 부정확
힐 킥	뒤꿈치	뒤로 짧은 패스	동작 예측이 어려움	• 안정성이 떨어짐 • 부정확

표 2 킥의 종류 및 지도 방법

종류	그림	지도 방법
그림 1 인스텝 킥		• 2인 1조로 10 ~ 20m 간격으로 마주서서 킥 하는 발목을 고정하여 공의 중심부위를 차게 한다. • 디딤발은 공을 차는 방향으로 향하고 두 팔로 몸의 균형을 잡는다. • 공이 발에서 떨어질 때까지 눈을 떼지 않는다.
그림 2 인프런트 킥		• 발등의 안쪽 부분을 볼의 중심부위를 차도록 하며 이때 발등 안쪽에 공이 오랫동안 머물게 한다는 느낌으로 킥을 한다. • 발등과 안쪽부위에 볼의 중심부위가 넓게 터치되어야 볼에 많은 회전이 걸린다.

종류	그림	지도 방법
그림 3 아웃프런트 킥		• 발등 바깥쪽 부위에 볼 중심부위가 넓게 터치되도록 찬다. • 발등의 바깥쪽을 사용해서 전방 45° 각도로 틀어 찬다.
그림 4 인사이드 킥		• 디딤발의 방향이 패스의 목적 방향과 일치해야 하고 딛고 있는 다리의 무릎을 가볍게 굽힌다. • 킥하는 발목을 고정하고 발 안쪽 아치를 형성하고 있는 부분에 볼의 중심부위를 차도록 한다. • 볼에서 시선이 떨어지면 안 된다.
그림 5 아웃사이드 킥		• 발목을 킥하는 방향으로 곧게 편다. • 디딤발은 인사이드 킥보다 약간 멀리 딛어야 한다. • 빠른 타이밍으로 스피드를 붙이도록 한다. • 2인 1조로 5~6m 떨어져 발 바깥쪽을 사용하여 교대로 패스한다.

종류	그림	지도 방법
그림 6 토 킥		• 발목을 고정한 후 볼 중앙 부분을 발끝으로 콕 찍어서 찬다. • 5m 거리를 두고 동료와 발끝을 사용하여 빠르게 찍어차는 연습을 반복해야 한다.
그림 7 힐 킥		• 디딤발을 공의 바로 옆에 내딛고 차는 발의 뒤꿈치를 이용하여 자연스럽게 찬다. • 드리블을 하면서 동료에게 뒤꿈치를 이용하여 패스하는 연습을 반복한다. • 상대 수비수를 속이는 동작이기 때문에 자연스럽게 차는 연습을 반복한다.

2) 슈팅의 필요성

① 축구 경기의 최종 목적은 승리하는 것이고 승리를 위해서는 득점을 해야 한다. 득점은 슈팅에 의해 가능하기 때문에 슈팅 기술은 매우 중요하다.

② 경기 중 슈팅은 골을 넣는 목적도 있지만, 공격선수의 휴식과 위치 선정을 위한 시간적 필요성을 갖는다.

| 그림 8 슈팅

1. 디딤발은 볼과 같은 선상에 위치하도록 하고 보폭은 크게 하여야 한다.
2. 양손을 이용하여 몸의 중심을 잡아야 한다.
3. 인스텝을 이용하여 슛을 할 때 그림에서 보는 바와 같이 발목은 고정하고 세워져서 발등 부위로 볼의 중앙부위를 맞추는 것이며, 이때 발등에 볼이 오랫동안 머물렀다는 느낌을 받도록 해야 한다.
4. 발을 앞쪽으로 쭉 뻗어야 한다.
5. 볼이 발에서 떠났다고 생각될 때 몸의 중심이 앞쪽으로 이동하여 볼을 터치한 발이 몸의 중심을 잡아야 한다.

3) 슈팅의 목적

① 골(goal)을 넣는 목적을 갖는다.
② 슈팅 후 휴식 시간과 자신의 포지션 위치로 이동할 수 있는 시간을 확보하는 데 목적을 갖는다.
③ 경기의 흐름을 바꿀 수 있는 기회의 목적을 갖는다.

4) 인스텝 슈팅(킥)의 코칭 방법

① 킥의 목표 지점을 확인한 후 볼(ball)의 임팩트 순간 시선은 볼을 보고 차도록 한다.
② 디딤발은 볼(ball)의 위치와 동일한 선상과 볼에서 15㎝ 떨어진 곳에 놓는다.
③ 디딤발의 무릎을 부드럽게 굽히고 양팔을 가볍게 벌려 몸의 균형을 잡도록 한다.
④ 디딤발의 발끝 방향에 따라 볼의 방향이 결정된다는 것을 인식하고 슈팅을 한다.
⑤ 발등을 이용하여 볼(ball)의 밑 부분을 힘차게 찬다.

| 그림 9 인스텝 킥

- 임팩트 시 볼을 주시한다.
- 마지막 디딤발의 보폭은 크게 한다.
- 발등 전체에 볼이 닿도록 해야 한다.

5) 실기평가 영역

▶ 슈팅

① 하단의 〈그림 10〉과 같이 16.5m 페널티 에어리어 선상에서 슈팅을 하고, 골망에 직접 닿는 것만 득점으로 인정한다.
② 〈표 3〉과 같이 5개의 슈팅을 하여 득점으로 인정한 개수에 따라 차등 점수를 부여한다.
③ 바운드 없이 골망에 닿는 경우 득점으로 인정한다(주의 사항).
④ 골포스트와 옆 그물을 터치하는 경우 실패로 인정한다(주의 사항).
⑤ 10초의 초과 시간이 지나는 경우 최저 점수를 부여한다(E등급).

표 3 슈팅 배점 기준

평가	등급	점수
총 5개 골인	A	25
총 4개 골인	B	20
총 3개 골인	C	15
총 2개 골인	D	10
총 1개 골인, 시간 초과	E	5

그림 10 슈팅

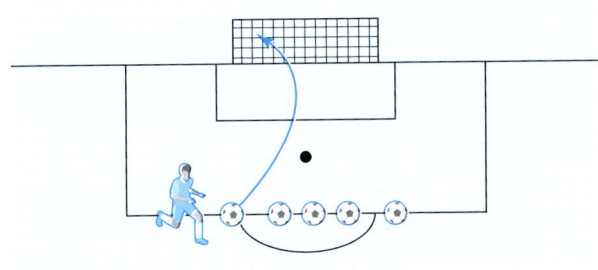

- 16.5m 페널티박스에서 5개의 슈팅
- 제한 시간 10초
- 골 그물망에 직접 닿아야 골로 인정

PART 03
축구 구술 완전정복

CHAPTER 01	축구 역사와 규정
CHAPTER 02	지도방법
CHAPTER 03	태도
CHAPTER 04	유소년 축구
CHAPTER 05	장애인 축구
CHAPTER 06	풋살
CHAPTER 07	공통질문

CHAPTER 01 축구 역사와 규정

> 학습 전 Check
>
> 빈출 표시 : 숫자가 클수록 빈출 ⇨

1 축구 역사

Q. 001 01

근대 축구 발달에 대해 3가지 이상 설명하시오.

- 근대 축구의 발달은 1840~1860년까지 영국 사립 중고등학교와 대학 중심으로 발전하기 시작하였다.
- 1863년 영국축구협회(FA) 창설
- 1883년 국제축구평의회(IFAB) 창설
- 1904년 제3회 세인트루이스 올림픽에 정식 종목 채택

Q. 002 03

제1회 월드컵에 대한 역사를 말해보시오.

- 1930년 우루과이 수도 몬테비데오에서 개최
- 우루과이 우승
- 국제축구연맹(FIFA) 주관

Q. 003 03

대한민국 월드컵 역사를 3가지 이상 말해보시오.

- 1954년 스위스 월드컵 첫 출전
- 2002년 한·일 월드컵 공동 개최 후 4강 진입
- 2006년 제18회 독일 월드컵 원정 첫 승
- 2010년 제19회 남아프리카공화국 월드컵 원정 첫 16강 진출
- 2022년 제22회 카타르 월드컵 진출로 10회 연속 출전

2 시설/도구

Q. 001 01
축구경기장의 규격을 말해 보시오.

- 일반경기의 규격은 터치 라인의 길이는 90~120m, 골라인의 길이는 45~90m이다.
- 국제경기의 규격은 터치 라인의 길이는 100~110m, 골라인의 길이는 64~75m이다.
- 터치 라인의 길이는 골라인의 길이보다 반드시 더 길어야 한다.

Q. 002 01
골 에어리어에 대해 말해보시오.

- 골 에어리어는 골키퍼(GK)를 보호하기 위한 지역으로서 각 골포스트의 안쪽에서 코너 쪽으로 5.5m 지점에서 골라인과 직각이 되게 경기장 안쪽으로 5.5m 지점에 선을 긋고 그 끝을 골라인과 평행이 되게 18m의 직선으로 연결한다.

Q. 003 01
페널티 에어리어 크기와 용도에 대해 설명하시오.

- 페널티 에어리어 지역에서 수비수가 직접 프리킥에 해당하는 반칙을 하였을 경우 상대팀에게 페널티킥을 준다.
- 크기는 각 포스트에서 코너 쪽으로 16.5m 지점에서 골라인과 직각이 되게 경기장 안쪽으로 16.5m 지점에 선을 긋고 그 끝을 골라인과 평행이 되게 40.32m의 직선을 연결한다.

Q. 004 01
페널티 아크의 필요성과 길이에 대해 설명하시오.

- 페널티 아크의 길이는 페널티 마크에서 9.15m 떨어져 있다.
- 페널티 아크의 필요성은 페널티킥을 할 때 9.15m 떨어져야 하는 경기규칙에 따라 선수들이 일정하게 그 간격을 유지하기 위함이다.

Q. 005 ①
골대 규격을 설명하시오.

- 골문의 양 포스트의 길이는 7.32m이고, 높이는 2.44m이다.
- 골대의 굵기는 12m 이하이다.
- 골대 라인의 굵기는 12cm 이하로 그려야 한다.

Q. 006 ①
축구공의 규격에 대해 설명하시오.

- 가죽 또는 알맞은 재질의 둥근 모양이어야 한다.
- 둘레의 길이는 68~70㎝이다.
- 무게는 410~450g이다.
- 볼 압력은 0.6~1.1 기압이어야 한다.

Q. 007 ①
선수 장비에 대해 설명하시오.

- 유니폼의 상/하의, 양말, 정강이 보호대, 축구화, 골키퍼 장갑을 착용할 수 있다.
- 선수 안전을 위해 목걸이, 반지, 팔찌, 귀걸이, 고무밴드 등과 같은 장신구는 착용할 수 없다.
- 장신구를 덮기 위한 테이핑은 허락하지 않는다.
- 머리보호대, 안면 보호대, 무릎과 팔 보호대를 작용할 수 있으며 골키퍼 모자와 스포츠 안경 착용이 가능하다.

Q. 008 ①
선수 장비 중 경기 중 착용 가능한 머리보호대에 대하여 설명하시오.

- 부드럽고 가벼우며, 푹신한 물질로 구성되어야 한다.
- 검은색 또는 주 유니폼의 상의 색과 일치해야 한다.
- 같은 팀 선수들이 착용할 경우 색상이 일치해야 한다.
- 장비 표면에 돌기(튀어나온) 부분이 없어야 하며 모든 (경기 출전) 선수에게 위험을 주어서는 안 된다.
- 유니폼 상의와 붙어 있으면 안 된다.

3 경기운영

Q. 001 02
축구경기에서 선수 수에 대한 규정을 설명하시오.

- 한 팀은 11명으로 규정하고, 이 중 1명은 골키퍼로 구분해야 한다.
- 한 팀의 선수 수가 7명보다 적을 때 경기를 시작하거나 계속할 수 없다.
- 교체 선수 수는 최대 3명(국가대표 A팀)이다.
- 일반 대회는 대회 주최 측에서 12명까지 정할 수 있다.

Q. 002 02
축구심판 구성을 설명하시오.

주심 1명, 부심 2명, 대기 심판 1명, 추가 부심 1명, 예비 부심 1명, VAR & AVAR 최소 1명으로 구성할 수 있다.

Q. 003 02
주심의 권한과 임무를 설명하시오.

- 경기규칙을 준수하고 플레이 재개를 알리며 다른 심판들과 협조하여 경기를 관장한다.
- 경기 시간을 측정하여 경기 기록을 하며, 징계 조치와 함께 경기 전·중·후 발생한 모든 사건을 기록한 경기보고서를 관리 기구에 보고한다.

Q. 004 03
주심이 VAR의 도움을 받을 수 있는 원칙 4가지 상황을 설명하시오.

- 골/노(No) 골 상황
- 페널티킥/노(No) 페널티킥 상황
- 다이렉트(direct) 퇴장 상황
- 주심이 경고 또는 퇴장을 주는 상황에서 해당 선수를 착각한 상황

구술 정복 POINT
VAR 심판은 독립적으로 경기 영상에 접근할 수 있는 심판을 말하며, "명확하고 명백한 실수" 또는 "중대한 상황을 놓친 경우"에 한하여 주심을 도울 수 있다.

Q. 005 ②
부심의 임무를 설명하시오.

- 코너킥, 골킥, 스로인을 위한 방향 지시
- 오프사이드 반칙 선언
- 선수 교체를 위한 선언
- 페널티킥에서 킥하는 선수가 킥하기 전 골키퍼가 골라인을 벗어나 미리 움직였는지에 대한 선언
- 페널티킥에서 골에 대한 판단
- 경기 중 반칙 지점에서 9.15m 조절

Q. 006 ②
대기심판의 임무를 설명하시오.

- 선수 교체 절차를 관장
- 선수 장비 점검
- 주심의 신호와 승인에 따라 선수의 재입장을 관장
- 경기 중 대체 볼(ball) 관리
- 경기 종료 이후 추가 시간 표시
- 기술 지역 안에 있는 사람들이 무책임한 행동을 할 때 주심에게 통보

Q. 007 ②
추가 부심의 역할과 배치 목적을 설명하시오.

- 일반적인 경기는 4심제(주심 1명, 부심 2명, 대기심 1명)로 경기를 진행한다.
- 비중이 큰 경기의 경우 추가 부심 2명을 배치하여 6심제(주심 1명, 부심 4명, 대기심 1명)로 경기를 진행한다.
- 명확한 골 판정을 위해 추가 부심제를 도입하였다.
- 골킥, 코너킥의 판단, 페널티 에어리어 안에서 반칙과 골의 명확한 판단 후 무선 통신 장비를 이용하여 판단한 결과를 주심에게 전달하여 주심을 돕는 역할을 한다.

Q. 008 ①
경기 시간과 하프타임 시간을 설명하시오.

- 경기 전·후반 각각 45분씩 총 90분이 경기 시간이다.
- 하프타임은 15분을 초과할 수 없다.
- 연장전 하프타임은 1분을 초과할 수 없다.

Q. 009 ③
주심이 경기 상황을 참작하여 경기 시간 외 추가 시간을 주는 상황을 설명하시오.

- 선수 교체 시간
- 부상 선수 상태 점검 또는 이송 시간
- 고의적인 시간 낭비
- 징계 처벌 시간
- VAR 체크 및 리뷰와 관련된 지연 시간
- 음료 브레이크와 쿨링 브레이크 시간

Q. 010 ③
"음료 브레이크"와 "쿨링 브레이크"를 설명하시오.

- 2020년 선수 보호차원에서 개정된 규정이다.
- 음료 브레이크는 선수의 수분 공급을 위한 시간으로 1분을 줄 수 있다.
- 높은 습도와 온도 등 특정 기상 상황을 고려하여 쿨링 브레이크 시간으로 1분 30초~3분의 휴식 시간을 줄 수 있다.

Q. 011 ②
킥오프란?

킥오프는 경기를 개시하거나 재개하는 방법으로 경기 시작 때, 득점이 이루어진 후, 후반전 경기 시작 때, 연장전 경기(연장전을 할 경우)의 전·후반 시작 때 등을 말한다. 킥오프에서의 직접 득점은 인정된다.

Q. 012 ④
선수 교체 절차를 설명하시오.

※ 교체 선수 절차는 다음을 준수해야 한다.
- 주심은 교체하기 전에 대기심에게 교체 의사를 통보받아야 한다.
- 교체되어 나가는 선수가 경기장을 떠난 뒤 주심의 신호를 받은 후에 선수가 경기장에 입장해야 한다.
- 교체 선수는 경기 중단 상황에서 중앙선에서만 입장한다.
- 교체는 교체 선수가 경기장에 입장하면 완료되는 것이다.
- 모든 교체 요원들은 경기에 참여하든지 아니하든지 주심의 권위와 권한에 복종하여야 한다.

Q. 013 ④
경기 중 골키퍼(GK) 퇴장에 따른 대체 방법을 설명하시오.

- 경기 중 골키퍼(GK) 퇴장 또는 불가피한 교체로 골키퍼 없이 경기를 진행할 수 없으며, 교체 카드가 남아있는 경우 필드 선수가 교체명단에 대기 중인 골키퍼와 교체할 수 있다.
- 만약 교체 카드가 없는 경우 필드 선수 중 한 명의 선수가 골키퍼를 대신하여 경기에 참여해야 한다. 이때 골키퍼 유니폼을 착용하거나 필드 선수들과 색상이 구분되는 유니폼, 조끼를 입을 수 있다.
- 이러한 모든 상황은 주심의 허락이 있어야 가능하다.

4 반칙과 불법 행위

Q. 001 ③
오프사이드 규정을 설명하시오.

- 오프사이드는 하프웨이라인(중앙선)을 넘어 상대편 진형에서 최종 수비수 두 번째 선수보다 골라인에 더 가까이 있고 볼에 직접적으로 관여, 방해, 이득을 취했을 때 반칙이 적용된다.
- 오프사이드 반칙을 하게 되면 상대팀에게 간접프리킥을 부여하게 된다.

Q. 002 ②
오프사이드 위치에 있지만, 오프사이드 반칙이 아닌 경우를 설명하시오.

- 볼을 받는 공격선수가 중앙선을 넘지 않았을 때
- 공격선수가 골킥, 스로인, 코너킥에서 볼을 직접 받았을 때
- 오프사이드에 위치 한 선수가 볼에 관여하지 않았으며 이득을 취하지 않았을 때

Q. 003 ②
직접 프리킥과 간접 프리킥을 비교 설명하시오.

- 직접 프리킥은 다른 선수에게 연결하지 않고 직접 득점이 가능하다.
- 간접 프리킥은 다른 선수에게 볼을 연결한 후 득점을 해야 득점으로 인정된다.
- 간접 프리킥 반칙의 경우 주심은 자신의 팔을 머리 위로 올려 간접 프리킥이라는 신호를 반드시 해야 한다.

Q. 004 ③
직접 프리킥에 해당하는 반칙을 설명하시오.

- 차징(charging): 어깨와 팔 윗부분으로 밀치거나 덮쳤을 때
- 점핑(jumping): 뛰어 덤벼들었을 때
- 키킹(kicking): 차거나 차려고 시도하였을 때
- 푸싱(pushing): 손으로 밀었을 때
- 스트라이킹(striking): 때리거나 때리려고 시도하였을 때
- 태클(tackles): 태클 또는 도전, 걸거나 걸려고 시도하였을 때
- 핸드볼(handball): 손이나 팔에 볼이 닿아 이득을 취하였을 때
- 홀딩(holding): 상대를 붙잡았을 때
- 신체 접촉을 통해 상대를 방해하였을 때
- 스피팅(spitting): 깨물거나 침을 뱉었을 때
- 상대방 또는 심판에게 물체를 던지거나 갖고 있던 물체를 이용하여 볼을 접촉하였을 때

Q. 005 ③

갑접 프리킥에 해당하는 반칙을 설명하시오.

- 위험한 플레이를 하였을 때
- 진로 방해: 볼과 관계없이 상대 선수의 진행을 방해하였을 때
- 비신사적 행위: 판정에 항의, 공격적, 모욕적, 욕설이 담긴 언어 및 몸짓을 사용하거나 언어적 반칙행위를 하였을 때
- 골키퍼가 볼을 방출할 때 방해 및 볼을 차거나 차려고 하였을 때
- 경기규칙에는 없지만, 경고 또는 퇴장을 주기 위해 경기를 중단하는 반칙을 범하였을 때
- 골키퍼가 페널티 에어리어 안에서 6초 이상 손으로 볼을 다루었을 때
- 골키퍼가 페널티 에어리어 안에서 볼을 방출한 후 다른 선수가 터치하기 전 다시 볼을 손으로 터치하였을 때
- 동료 선수가 골키퍼에게 의도적으로 킥한 볼을 골키퍼가 페널티 에어리어 안에서 손으로 터치하였을 때
- 동료 선수가 스로인 한 볼을 골키퍼가 페널티 에어리어 안에서 손으로 터치하였을 때

Q. 006 ②

간접 프리킥의 경우 주심의 행동에 대해 설명하시오.

- 간접 프리킥 반칙의 경우 주심은 팔을 머리 위로 올려 간접 프리킥이라는 신호를 반드시 해야 한다.
- 주심은 프리킥 이후 다른 선수가 볼을 터치하거나 아웃 오브 플레이될 때까지 또는 직접 득점이 되지 않을 것이 분명할 때까지 손을 들고 있어야 한다.

Q. 007 ③

페널티킥을 차는 선수 또는 동료 선수가 규칙을 위반하였을 때 주심의 판단은?

- 골이 되었다면 페널티킥을 다시 차도록 한다.
- 골이 되지 않았다면 플레이를 중단하고 상대편에게 간접 프리킥으로 경기를 재개시킨다.

Q. 008 ②
페널티킥 상황에서 골키퍼의 반칙에 대한 주심의 판단은?

- 골이 되었다면 득점으로 인정한다.
- 골키퍼가 페널티킥을 막았다면 킥을 다시 차게 한다.
- 페널티킥이 노(No) 골이 되었다면 킥을 다시 차게 한다.

Q. 009 ②
페널티킥에서 ABBA 방식을 설명하시오.

- ①번 킥은 A팀이 먼저 차고, 다음 B팀이 차고(AB), ②번 킥은 B팀이 먼저 차고 난 이후 A팀이 차는 방식(BA)으로써 AB, BA, AB, BA… 순서로 진행된다.
- 11명이 모두 찬 후에도 승부가 나지 않으면 각 팀에서 한 명씩 나와 승부가 날 때까지 서든데스 방식(BAAB)을 적용한다.
- 국제축구평의회(2017년 3월)는 ABAB 방식에서 ABBA 방식으로 변경하여 2017년 5월 U-17 유럽 축구 선수권 준결승전에서 처음 적용하였다.

Q. 010 ②
스로인 방법을 설명하시오.

- 필드를 보고 스로인을 해야 한다.
- 두 발의 일부가 터치라인 위 또는 터치라인 밖의 지면에 있어야 한다.
- 볼이 필드를 지난 지점에서 두 손으로 머리 뒤로부터 머리 위를 지나도록 던져야 한다.

Q. 011 ①
스로인한 볼이 상대 팀 골문에 직접 들어갔을 경우 주심의 판단에 대하여 설명하시오.

상대팀에게 골킥을 주고 경기를 재개한다.

Q. 012 ①
스로인한 볼이 자신의 골문에 직접 들어갔을 경우 주심의 판단에 대하여 설명하시오.

상대팀에게 코너킥을 주고 경기를 재개한다.

Q. 013 ②
골킥에 대한 상황을 설명하시오.

- 공격팀 선수가 마지막으로 볼을 터치하고 득점이 되지 않은 상황에서 볼 전체가 지면 또는 공중으로 골라인을 넘어갔을 때 골킥이 선언된다.
- 골킥이 바로 상대 골문으로 들어가면 득점으로 인정되며, 자기 편 골문으로 직접 들어가면 상대팀에게 코너킥이 선언된다.
- 골 에어리어 안의 어느 지점에서나 킥이 가능하다.

Q. 014 ②
코너킥 선언과 득점에 대한 상황을 설명하시오.

- 수비팀 선수가 마지막으로 볼을 터치하고 득점이 되지 않은 상황에서 볼 전체가 지면 또는 공중으로 골라인을 넘어갔을 때 코너킥이 선언된다.
- 코너킥은 직접 득점이 가능하며, 킥한 볼이 키커의 골문으로 들어갔다면 코너킥이 주어진다.

Q. 015 ③
경고성 반칙과 퇴장성 반칙 3가지를 각각 예를 드시오.

- 경고성 반칙: 위험한 플레이, 반스포츠적 행위, 경기규칙을 지속적으로 위반할 경우
- 퇴장성 반칙: 침을 뱉는 행위, 난폭한 행위, 보복성 행위, 심한 반칙행위

CHAPTER 02 지도방법

1 축구 기본이론

Q. 001
축구 선수의 ATP 생성에 관여 하는 필수 3대 영양소를 설명하시오.

- 탄수화물
- 지방
- 단백질

Q. 002
축구를 하면 발달되는 신체적 효과를 설명하시오.

근력, 근지구력, 심폐지구력, 순발력, 민첩성, 협응력을 발달시킨다.

Q. 003
축구를 하면 발달되는 심리적 효과를 설명하시오.

- 협동심 향상
- 책임감 향상
- 사회성 향상

Q. 004
심리학적 측면에서 축구의 가치를 설명하시오.

- 자신감 증진 및 회복
- 스트레스 해소
- 삶의 질 개선
- 정서적 안정
- 성취감 회복 및 향상

Q. 005 ③
축구의 사회학적 가치를 3가지 이상 설명하시오.

- 축구 경기는 팀플레이를 기본으로 하기 때문에 협동심을 향상시켜 사회성 발달에 기여한다.
- 감독, 선수, 관중 등 각자의 위치에서 주어진 임무나 의무를 성실히 수행하는 책임감 의식을 고취시킨다.
- 경기장 안에서의 예의, 경기 중 상대 선수 존중, 관중에 대한 예의, 코치, 감독에 대한 예의 등을 어려서부터 몸으로 실천하여 사회성을 터득한다.

Q. 006 ②
축구가 개인적으로 필요한 이유를 설명하시오.

- 축구에 대한 가치를 어디에 두는가에 따라 차이는 있겠지만 억압된 정서를 순화시킨다.
- 심신의 안정감을 찾아 행복함을 갖게 한다.
- 새로운 에너지를 생산할 수 있는 원동력이 된다.
- 자기표현의 욕구를 충족시킨다.
- 부를 창출한다.

Q. 007 ③
축구 지도자들의 리더십 향상 원리를 말해보시오.

- 말보다 행동으로 실천할 수 있는 지도자 원리
- 성공적 경험을 유도하고 칭찬을 통한 동기부여의 원리
- 원칙을 정해 놓고 선수와 팀을 운영하는 원리
- 온화함, 부드러움, 명확성, 냉철함 등 적시 적소에 필요한 모습으로 지도할 수 있는 카리스마적 원리
- 목표 의식과 목표 달성의 기회를 제공하는 원리

Q. 008 ②
축구 선수 트레이닝을 위한 질적 요소와 양적 요소에 대해 설명하시오.

- 질적 요소: 운동 형태와 운동 강도
- 양적 요소: 운동 지속 시간, 운동 빈도, 운동 기간

Q. 009 ②
축구 선수 트레이닝 원리 중 점증성의 원리에 대해 설명하시오.

운동 부하와 양을 일정한 주기 동안 적용한 후 적응 현상이 나타날 때 새로운 부하와 양을 늘려주는 계단식 적용 방법을 말한다.

Q. 010 ②
축구 선수 트레이닝 원리 중 개별성의 원리에 대해 설명하시오.

개인의 특성을 고려하여 트레이닝시키는 것으로 성별, 축구 포지션별, 장신 선수와 단신 선수 등의 특성을 고려한 훈련 방법이다.

Q. 011 ①
축구 경기력에 영향을 미치는 요인 4가지를 설명하시오.

- 체력
- 기술
- 전술
- 심리적 요인

Q. 012 ②
축구 선수를 위한 트레이닝 단계에서 준비 운동의 목적을 설명하시오.

- 체온과 근육의 온도 상승
- 산소 활성을 촉진
- 뼈대 근육의 대사 촉진
- 본 운동에 대한 반사시간 감소
- 상해 예방
- 심리적 안정감 상승

Q. 013 ①
축구 선수 트레이닝 구성 단계에서 준비운동 전 도입 단계를 설명하시오.

- 훈련 목적과 목적 달성을 위한 방법을 구체적으로 설명하는 단계이다.
- 훈련에 대한 이해가 필요하고 5분을 초과하지 않아야 한다.

Q. 014 ①
현대 축구에서 체력의 중요성이 강조되는 이유를 설명하시오.

- 압박 플레이에 의한 시간적·공간적 저항력으로 인하여 체력이 중요하다.
- 빠른 템포와 발달된 기술 축구로 인해 체력이 중요하다.
- 파워와 스피드가 경기력에 영향을 미치기 때문이다.
- 추가 시간에 득점과 실점이 많아졌기 때문이다.
- 체력을 바탕으로 기술과 전술을 수행하기 때문이다.
- 공격과 수비 전환이 빠르게 전개되기 때문이다.

Q. 015 ②
축구 코칭의 정의를 설명하시오.

- 코칭은 교육의 주체가 선수이다.
- 축구를 지도하는 과정을 말한다.
- 코치나 감독이 선수들에게 축구에 대한 지식이나 체력, 기술, 전술 및 전략, 태도, 철학 등 지도하는 총체적인 행위를 말한다.
- 선수 선발, 훈련 계획, 훈련 방법, 선수 관리, 대회 출전에 의한 시합 등이 포함된다.

Q. 016 ③
티칭과 코칭의 차이점을 설명하시오.

- 티칭(teaching): 교사에 의한 수업 또는 교사가 교육적 목적을 갖고 학습자에게 하는 모든 행동과 언어적 가르침을 말하며 교육의 주체가 교사이다.
- 코칭(coaching): 학습자의 목표 달성을 위해 자신감을 심어주고 의욕을 함양시켜 학습자 개인 능력 역량을 개발하고 발휘시키도록 돕는 일체의 행동을 말하고 교육의 주체가 학습자이다.

2 축구 용어

Q. 001 03

스위퍼와 리베로의 개념을 구분하여 설명하시오.

- 스위퍼(sweeper): "청소부"라는 뜻으로 맨투맨 수비 상황에서 수비라인을 커버하고 뒷정리를 하는 포지션이라는 개념을 갖고 있다.
- 리베로(libeero): 리베로는 이탈리아어로 "자유로운 사람"이라는 뜻을 갖는다. 스위퍼 개념에 공격을 이끄는 역할까지 포함되는 포지션을 말한다.

Q. 002 04

축구 프리킥에서 마그누스 효과를 설명하시오.

- 공기와 같은 유체 속에서 물체가 회전하면서 한쪽 방향으로 운동하게 될 때, 물체가 그 이동속도의 수직 방향으로 힘을 받아 경로가 휘어지는 현상을 말한다.
- 공의 오른쪽 아랫부분을 감아 차면 공의 회전 방향에 따라 좌우 공기의 압력이 달라지고 공의 진행 방향이 바뀌게 되는데 이때 압력이 높은 곳에서 낮은 곳으로 공이 휘어지는 것이다.

구술 정복 POINT

프리킥에서 마그누스 효과 빈출되는 내용이다.

공의 오른쪽 아랫부분을 감아차면 공의 회전 방향에 따라 좌우 공기의 압력이 달라지고 진행 방향이 바뀌게 된다.

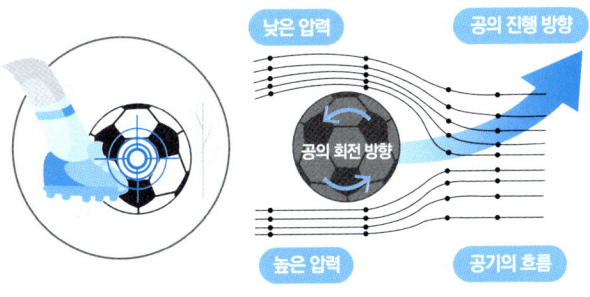

Q. 003 ①
어드밴티지에 대하여 설명하시오.

반칙이 일어났지만, 반칙을 당한 팀에게 유리한 상황이 될 때 주심이 경기를 계속 진행시키는 것을 말한다.

Q. 004 ①
드롭 볼에 대하여 설명하시오.

경기를 재개하는 방법으로 주심은 마지막 터치를 한 팀의 선수 한 명에게 볼을 떨어뜨리고 볼이 땅에 닿으면 플레이가 재개된다. 단 페널티 에어리어 안이라면 골키퍼에게 볼을 떨어뜨린다.

Q. 005 ③
페널티킥과 승부차기를 구분하여 설명하시오.

- 경기 중 수비수가 페널티 에어리어 안에서 직접 프리킥 반칙을 범했을 때 공격자에게 주어지는 킥이며 골라인에서 11m 떨어진 페널티 마크에서 킥을 하는 것을 페널티킥이라고 한다.
- 정규 경기 또는 연장전에서 승부를 가리지 못하였을 때 경기의 승패를 결정짓기 위해 양 팀이 각각 5명의 선수를 선발하여 킥으로 경기 승패를 결정짓는 방법을 승부차기라고 한다.

Q. 006 ②
게임메이커에 대하여 설명하시오.

- 게임 중에 항상 중심이 되는 선수를 말한다.
- 경기 중 게임 템포를 조율하고, 경기 중 경기장 안에서 리더로서 팀을 이끄는 선수를 칭하는 말이다.
- 주로 경험이 풍부한 공격형 미드필더가 게임메이커인 것이 일반적이다.

Q. 007 ①
기술 지역을 설명하시오.

팀 임원들을 위한 지역으로 경기 중 이 지역에서만 코칭을 할 수 있다.

Q. 008 ②
팀 빌딩이란 무엇인지 설명하시오.

지도자가 팀을 정상 팀으로 만들기 위해 목표를 설정하여 발전시키기 위한 과정과 계획을 의미한다.

Q. 009 ③
Small-Sided Game(SSG)이란 무엇인지 설명하시오.

체력, 기술, 전술을 동시에 발달시키기 위해 그리드와 선수 수를 임의로 조절하여 실시하는 미니 게임 형태를 말한다.

Q. 010 ②
클리어링이란 무엇인지 설명하시오.

수비 선수가 골 앞의 위험지역에서 볼을 크게 멀리 걷어내어 상대 팀의 공격을 지연시키거나 막아내는 것을 말한다.

Q. 011 ②
시뮬레이션이란 무엇인지 설명하시오.

- 경기 중 실제로 일어나지 않은 일을 일어난 것처럼 잘못된/거짓 인상을 주는 행위를 말한다.
- 시뮬레이션 반칙이 인정되면 주심은 경고 조치를 할 수 있다.

Q. 012 ③
아웃오브 플레이를 설명하시오.

- 볼이 터치라인을 완전히 넘었을 경우
- 주심이 경기 중단을 선언하는 등 경기가 일시적으로 중단된 상태
- 인플레이와 상반된 의미

Q. 013 ②
반스포츠 행위가 무엇인지 설명하시오.

경기 중 부당한 행동 및 태도를 보이는 반칙플레이를 말하며 반스포츠 행위를 하게 되면 경고 처벌을 받는다.

Q. 014 ③
VAR(Video Assistant Referee)을 설명하시오.

영상 심판으로, 리뷰 가능 범위에 있는 '명확하고 명백한 실수' 또는 '중대한 상황을 놓친 경우'와 관련 있는 리플레이 영상의 정보를 주심에게 전달함으로써 주심을 돕도록 지명된 현직 또는 전직 주심을 말한다.

Q. 015 ③
트리핑과 트래핑을 구별하여 설명하시오.

- 트리핑: 반칙의 일종으로 경기 중 상대 선수의 발을 걸어 넘어뜨리거나 넘어뜨리려고 하는 행위
- 트래핑: 기술적 요인으로 신체 부위를 이용하여 볼을 내가 원하는 곳에 잡아놓는 기술

3 축구 전술

Q. 001 ③
패스의 3대 요소를 설명하시오.

- 정확성
- 강약 조절
- 타이밍

Q. 002 ③
현대 축구의 흐름과 특징을 설명하시오.

- 볼 중심의 역동적인 움직임과 점유율 축구가 성행한다.
- 빌드업을 전제로 전방 압박과 중원 압박이 강조된다.
- 빠른 템포에 의한 스피드한 공격 축구와 정확하고 신속한 패스가 특징이다.
- 최전방 공격라인과 최종 수비라인의 간격이 20~30m 내외로 좁게 형성된 축구가 시대적 흐름이라고 볼 수 있다.

Q. 003 ④

현대 축구에서 볼 점유율을 높게 갖고 가는 전술적 이점을 설명하시오.

- 경기의 템포를 효과적으로 조절하여 상대 팀 체력을 떨어뜨리고 상대적으로 우리 편의 체력 안배가 가능하다.
- 볼 소유권을 갖고 안정된 플레이로 창의성을 발휘하여 상대편 밀집 수비를 공략하기가 수월하다.
- 게임 분위기를 우리 팀의 전술적 부분으로 끌고 갈 수 있고 수비의 허점을 찾기가 수월하다.
- 전술적 측면에서 빠른 공수 전환이 수월하다.
- 전방 압박 플레이가 수월하다.
- 콤팩트한 선수 간격을 유지하여 협력 플레이가 가능하다.

Q. 004 ③

현대 축구에서 압박 전술의 의미를 설명하시오.

- 현대 축구에서 압박은 새로운 공격을 위한 전초전이고 또 다른 공격의 시작을 의미한다.
- 계획 없이 조직적이지 못한 압박은 체력 손실을 크게 가져오고 공격의 빌미를 제공한다.

Q. 005 ⑤

현대 축구에서 압박을 해야 하는 이유를 설명하시오.

- 공간과 시간을 주지 않기 위해
- 주위를 보지 못하게 하여 상황 인지 능력을 떨어뜨리기 위해
- 상대에게 선택의 여유를 주지 않기 위해
- 실수를 유발시키기 위해
- 움직임을 제한하기 위해
- 지역 방어를 할 수 있는 시간을 확보하기 위해

Q. 006 ⑤
압박 방법을 설명하시오.

- 볼에서 가장 가까운 선수부터 압박을 시작한다.
- 볼을 중심으로 좁은 공간을 선택한 후 한쪽 사이드 방향으로 패스를 못하게 각을 죽여 추격한다.
- 방향을 선택한 후 공격, 미드필드, 수비 라인이 동시에 간격을 좁히고 조직적인 압박을 시도한다. 이때 압박 타이밍을 맞춰야 하고, 횡패스를 유도하여 기습 공격을 위한 기회를 만들어야 하며, 압박의 위치(전방 및 중간)를 선택해야 한다.
- 드리블을 유도해야 한다.

Q. 007 ③
압박은 언제 하는 것이 좋은가?

- 볼을 빼앗긴 후
- 볼을 소유한 상대가 백 패스할 때
- 첫 번째 볼 터치가 불안정할 때
- 볼을 소유한 선수가 자기 진형으로 돌아서 플레이할 때
- 위험지역으로 들어왔을 때
- 상대 진형 코너 부근에서 풀백에게 공이 연결될 때

Q. 008 ③
축구 경기분석의 필요성을 설명하시오.

- 90분 경기에서 다양한 이벤트가 일어나는데 인간이 기억할 수 있는 능력은 한계가 있기 때문이다.
- 감독은 전반 종료 후 45%, 경기 종료 후 42% 수준의 기억만 가능하기 때문이다.
- 코칭을 위해 운동기능을 정확하게 분석하고 평가해야 하기 때문이다.
- 주관적인 평가가 아니라 피드백을 통한 발전지향적이어야 하기 때문이다.
- 경기 중 상황을 어떻게 개선하고 객관화시킬 수 있는지 주된 방법을 찾을 수 있기 때문이다.

Q. 009 03
축구 경기분석에서 양적 분석의 장점을 설명하시오.

- 축구 현장에서 일어나는 행동을 부호화하여 기록한 후 경기력 향상을 위한 데이터 활용이 가능하다.
- 볼 점유율, 패스 성공률, 공격 루트, 운동 강도 등의 요인 분석을 통해 훈련 적용과 시합에 활용하고, 경기 중 선수 교체 타이밍을 선택할 수 있으며, 훈련 프로그램 개발과 적용에 활용할 수 있다.

Q. 010 04
축구 경기분석에서 질적 분석의 장점을 설명하시오.

- 지도자와 선수에게 피드백을 제공
- 선수 플레이에 대한 원인 분석과 결과를 연결시켜 다음 상황을 예측하고 대비
- 경기의 흐름과 패턴을 관철할 수 있는 인지능력을 향상
- 공격과 수비 상황에서의 정보 확인

Q. 011 01
축구 경기분석에서 개인 분석 요인 중 기술적 평가 요인을 설명하시오.

- 첫 번째 볼 터치의 간결함과 볼을 소유하고 있는가?
- 첫 번째 볼 터치 후 다음 동작 연결이 빠르고 결정력을 갖고 있는가?
- 정확한 인지능력과 두뇌 회전이 가능한가?
- 포지션별 기술 능력이 있는가?
- 질적 패스 능력이 있는가?

Q. 012 01
축구 경기분석에서 개인 분석 요인 중 정신적 평가 요인을 설명하시오.

- 경기에 임하는 자세와 의지 평가
- 상대 선수와 팀에 대한 경쟁력 평가
- 집중력 평가
- 자신감 평가
- 헌신감 평가
- 창의성 평가

Q. 013 ③
축구 경기분석에서 개인 분석 요인 중 체력적 평가 요인을 설명하시오.

- 속도(스피드) 변화를 할 줄 아는가?
- 기동성을 갖고 있는가?
- 경기에 필요한 근력과 지구력(게임 체력)을 갖고 있는가?

Q. 014 ③
축구 경기분석에서 팀 분석 요인 중 전술적 평가 요인을 설명하시오.

- 전술에 대한 인지능력이 일치하는가?
- 3라인(FW/MF/DF 라인)을 유지하는가?
- 빌드업 수준 평가
- 선수와 선수 간격을 유지하는가?
- 전술적 이해와 포메이션 특성을 이해고 실천하는가?
- 세트피스의 특성이 있는가?

Q. 015 ②
축구 경기에서 속공과 지공에 대해 설명하시오.

- 속공: 볼을 소유한 순간 상대 위험 지역으로 가장 짧은 시간에 공격하는 것을 말한다. 일반적으로 역습 공격을 생각하면 이해가 쉽다.
- 지공: 안정된 상황에서 볼을 소유하여 공격하는 형태를 말한다.

Q. 016 ③
축구 경기에서 전술과 전략을 구분하여 설명하시오.

- 전술: 전쟁 또는 전투 상황에 대처하기 위한 기술과 방법이라는 사전적 의미를 갖고 있으며, 축구 경기에서 승리하기 위해 사용하는 기술과 방법을 총칭한다.
- 전략: 축구 경기에서 승리하기 위해 조직적 시스템을 구축하고 체계적인 계획을 수립하여 전술을 실천하는 총체적인 과정을 말한다.

Q. 017 03
개인 전술의 4가지 원칙을 설명하시오.

- 먼저 보고, 먼저 생각하라.
- 볼을 기다리지 말라.
- 신속한 볼 컨트롤을 하라.
- 플레이가 끝나면 즉시 움직임을 갖는다.

Q. 018 03
공격 전술의 6가지 원칙을 설명하시오.

- 수비 전형을 갖추기 전 속공 플레이
- 수비 전형을 갖춘 후의 공격 전술은 지공에 의한 템포 조절을 통해 빈 공간을 공략하는 전술
- 속공과 지공을 조율할 수 있는 게임메이커가 필요
- 빠른 템포의 패스와 좌우 긴 패스를 통해 수비를 좌우로 흔들 수 있는 공격 전술
- 개인 전술을 활용한 1 vs 1 돌파 공격 전술
- 득점과 연결된 골 앞에서의 공격 전술

Q. 019 04
수비 전술을 위한 원칙을 3가지 이상 설명하시오.

- 뺏기면 추격하라.
- 위험지역에 들어오면 밀착 마크한다.
- 볼과 맨투맨 할 공격수를 동시에 관찰해야 한다.
- 수비의 수적 우위는 커버링 수비를 원칙으로 한다.
- 시간 지연을 통해 수적 우위와 수비 전형을 갖춘다.
- 수비를 지휘하는 컨트롤 타워가 있어야 한다.
- 수비벽을 1라인(공격), 2라인(미들), 3라인(수비)으로 형성해야 한다.
- 패스가 진행되는 순간 태클로 볼을 뺏을 수 있는 거리를 유지해야 한다.

Q. 020
3-4-3(WM 시스템) 포메이션의 장단점을 설명하시오.

- 장점: 폭넓은 수비로 수비의 안정감과 압박 수비가 용이하다.
- 단점: 공격 패턴이 단조롭고, 3-5-2 시스템에 비해 MF가 약하다.

Q. 021
4-2-4 포메이션의 장단점을 설명하시오.

- 장점: 중앙의 MF 2명의 선수는 공격과 수비 상황에 자유롭게 가담할 수 있어 6명의 공격과 6명의 수비 숫자를 늘릴 수 있다는 장점이 있다.
- 단점: 중앙 MF 2명이 공격과 수비에 가담하기 위해서는 체력적 부담이 크다는 단점이 있다.

Q. 022
4-3-3 포메이션의 장단점을 설명하시오.

- 장점: 4백은 빌드업을 전제로 일자(----) 수비를 통해 상대 공격진에게 공간을 제공하지 않는다는 장점이 있다.
- 윙백의 활동 범위가 넓고 오버랩을 시도하여 공격력을 강화할 수 있다는 장점이 있다.
- 단점: MF 수가 상대적으로 적기 때문에 수비가 불리한 단점이 있다.

Q. 023
3-5-2 포메이션의 장단점을 설명하시오.

- 장점
  - 5명의 MF를 공격형, 수비형, 윙백 자원으로 다양하게 활용할 수 있다는 장점이 있다.
  - 5명의 MF를 확보하기 때문에 경기의 주도권을 장악할 수 있다는 장점이 있다.
- 단점
  - 5명의 MF가 다양한 플레이에 가담하기 때문에 체력 소모가 크다는 단점이 있다.
  - 1명 또는 2명의 볼란치를 두기 때문에 지나치게 수비적인 성향이 있다는 단점이 있다.

Q. 024 ③
4-2-3-1 포메이션의 장단점을 설명하시오.

- 장점: 3-5-2와 4-4-2 전술의 단점을 보완하여 만들어진 전술로써 4명의 수비진과 5명의 미드필드 배치로 빌드업에 용이한 전술이다.
- 단점: 공격 시 공수 1명이 상대 2명의 센터백을 감당하기가 버겁다는 단점을 갖고 있어 미드필드 요원이 공격에 가담해야 하는 특징을 갖는다.

Q. 025 ③
4-4-2 포메이션의 장단점을 설명하시오.

- 장점
  - 공격(FW), 미드필더(MF), 수비(DF) 3라인 간격을 유지하고 공격과 수비의 조화를 이룰 수 있다는 장점이 있다.
  - 2선과 3선에서 침투 공격을 할 수 있다는 장점이 있다.
- 단점
  - 4-4-2 간격을 유지하기 위해서는 체력적 부담이 크다는 단점이 있다.
  - 체력이 떨어질 경우 4-4-2 간격을 유지할 수 없어 팀 균형이 깨진다는 단점이 있다.

Q. 026 ④
수비의 3대 원칙을 설명하시오.

- 골-나-문: 볼과 수비자인 "나" 그리고 문전(골대)을 대각선으로 유지한다.
- 볼(ball)과 상대 공격수를 같은 시야에 두어야 한다.
- 상대 공격수에게 볼이 연결될 때 언제든지 태클로 저지하고 가로채기할 수 있는 거리를 유지해야 한다.

Q. 027 ②
축구 전략 수립을 위한 내적 요건 3가지를 말해하시오.

- 선수의 몸 상태 체크
- 선수의 정신 상태 체크
- 선수의 심리적 상태 체크

Q. 028
축구 전략 수립을 위한 외적 요건을 말해보시오.

- 경기장(천연 잔디 및 인조 잔디) 상태
- 경기장 온도, 습도, 풍속 및 풍향, 기후 등
- 관중
- 언론 및 매스미디어 등

Q. 029
Small-Sided Game(SSG)이란 무엇인지 설명하시오.

체력, 기술, 전술을 동시에 발달시키기 위해 그리드와 선수 수를 코치가 임의로 조절하여 실시하는 미니 게임을 말한다.

Q. 030
세트피스(set-pieces) 전술의 개념을 설명하시오.

코너킥, 프리킥, 페널티킥, 스로인, 골킥과 같이 볼이 정지된 상황에서 경기를 재개하는 방법으로 부분 전술의 의미를 갖고 있다.

Q. 031
맨투맨 수비의 단점을 설명하시오.

- 체력 저하의 요인으로 작용하여 전술 수행에 어려움이 있다.
- 상대 공격수에게 유인되어 공간을 제공할 수 있다.

4. 실기 지도 방법

Q. 001
축구 전문 스포츠지도사 검정에서 리프팅, 패스, 드리블, 슈팅과 같은 기술을 테스트하는 이유를 설명하시오.

- 축구 경기를 하기 위한 가장 기초적인 기술에 해당하기 때문이다.
- 축구 전문 스포츠지도사는 4가지의 기술을 정확한 동작으로 시범을 보일 수 있어야 하기 때문이다.

Q. 002 ⑫

축구 기본 기술 중 리프팅의 필요성에 대해 설명하시오.

- 볼(ball)에 대한 감각 발달을 위해
- 볼(ball)과 친해지기 위해
- 볼(ball)을 다룰 때 몸의 균형을 유지하기 위해
- 기본 기술 중 가장 기본이 되는 기초 훈련이기 때문에

Q. 003 ⑭

인스텝(발등) 리프팅 지도 방법을 설명하시오.

- 볼(ball)이 떨어지는 중심 부위에 발등을 맞춘다.
- 발등에 맞출 때 지면에 가까운 높이보다 무릎보다 약간 낮은 높이에서 맞춰야 한다.
- 다리를 약간 구부리고 발등을 편 상태에서 낮은 자세를 유지하여 안정감을 찾아야 한다.
- 항상 볼(ball)을 주시해야 한다.
- 볼(ball)이 몸쪽으로 회전한다는 것은 발등이 펴지지 않았다는 것이고, 앞쪽으로 나가는 것은 발등이 너무 펴진 상태라는 것을 인식하면서 리프팅을 하게 되면 발등을 펴는 정도를 정확하게 인지할 수 있다.
- 제자리 연습 후 익숙해지면 방향 전환과 움직이면서 연습을 한다.
- 리프팅 개수(목표 설정)를 정해 놓고 연습하게 되면 훈련의 효율성이 높아진다.
- 실기평가 방법에 따라 연습을 해야 한다.

Q. 004 ⑬

축구 기본 기술 중 패스의 필요성을 설명하시오.

- 현대 축구는 압박 축구 성행에 따른 전술 발달로 득점의 기회가 점점 어렵기 때문에 패스의 중요성이 부각된다.
- 패스는 체력 소모를 최소화하기 때문에 패스가 경기 승패에 중요하게 작용한다.
- 패스는 득점의 효율성이 가장 높기 때문에 패스의 중요성이 강조된다.

Q. 005 ③
축구 기본 기술 중 인사이드 패스의 특징을 설명하시오.

- 패스 중 가장 안정성을 갖고 있다.
- 가까운 선수에게 정확하게 패스하기 위해 주로 사용한다.
- 발 안쪽 면적이 넓고 아치가 형성된 부위로 하는 패스이다.

Q. 006 ④
인사이드 패스 지도방법을 설명하시오.

- 패스할 곳을 확인한 후 볼(ball)을 바라보고, 디딤발의 위치는 볼과 같은 선상에 위치하며, 볼에서 약 15㎝ 떨어진 곳에 놓는다.
- 디딤발에 체중을 충분히 실은 다음 볼(ball)을 터치하는 발목을 고정하여 발 안쪽 아치형 부분을 이용하여 볼을 찬다.
- 디딤발 끝의 방향에 따라 패스 방향이 결정된다는 것을 인지시킨다.
- 정확성, 강약 조절, 패스 타이밍을 인식하게 하고 연습시킨다.

Q. 007 ③
드리블의 2가지 목적을 설명하시오.

- 돌파의 목적이 있다.
- 볼(ball)을 소유하는 데 목적이 있다.

Q. 008 ④
효과적인 드리블 지도방법을 설명하시오.

- 드리블은 볼(ball)을 밀고 다닌다는 개념으로 드리블해야 한다.
- 몸에 힘을 빼고 고개를 들고 주위를 살피면서 드리블하도록 지도한다.
- 인사이드와 아웃사이드 드리블을 한 번씩 교차하여 반복 훈련을 시킨다.

Q. 009 02
인스텝 슈팅의 목적을 설명하시오.

- 골을 넣는 목적이 있다.
- 슈팅을 통해 경기 흐름을 바꿀 수 있는 기회의 목적을 갖는다.
- 슈팅 후 휴식 시간과 자신의 포지션 위로 이동할 수 있는 시간을 확보하는 데 목적을 갖는다.

Q. 010 03
슈팅 지도 방법을 설명하시오.

- 목표 지점을 확인하고 볼(ball)의 임팩트 순간 시선은 볼을 보고 차도록 한다.
- 디딤발은 볼(ball)의 위치와 동일 선상에 위치하고 볼에서 15㎝ 떨어진 곳에 놓는다.
- 디딤발의 무릎은 부드럽게 굽히고 양팔을 가볍게 벌려 몸의 균형을 잡도록 한다.
- 디딤발의 발끝 방향에 따라 볼(ball)의 방향이 결정된다는 것을 인식하고 슈팅을 지도한다.
- 발등을 이용하여 볼(ball)의 밑부분을 힘차게 찬다.

CHAPTER 03

태도

Q. 001 ④
축구인의 정신에 대해 설명하시오.

- 정정당당한 승부사의 기질
- 팀을 위한 희생정신
- 한(One) 팀이 되기 위한 협동심
- 책임감 있는 플레이(행동)
- 팬 서비스를 위한 마음가짐(매너)
- 인성을 갖춘 축구인
- 인내와 자제력 향상을 통한 사회성 함양 정신
- 존중하는 자세(마음가짐)

Q. 002 ③
축구 코칭의 정의를 설명하시오.

- 코칭은 교육의 주체가 선수이며, 축구를 지도하는 과정을 말하고 코치나 감독이 선수들에게 축구에 대한 지식이나 체력, 기술, 전술 및 전략, 태도, 철학 등을 지도하는 총체적인 행위를 말한다.
- 선수 선발, 훈련계획, 훈련 방법, 선수 관리, 대회 출전에 의한 시합 등이 포함된다.

Q. 003 ③
효율적 코칭 절차를 설명하시오.

- 간단명료한 훈련 목적과 방법을 설명
- 정확한 시범을 통해 훈련을 전개
- 선수들을 관찰하고 문제 파악을 통해 적절한 타이밍을 선택하여 문제를 수정
- 수정 지시 사항을 이해하고 실천하는 반복 연습을 수행
- 훈련 목적 달성 여부와 훈련 만족 및 개선점을 평가

Q. 004 ③
현대 축구에서 지도자가 갖추어야 할 덕목을 설명하시오.

- 지혜롭고 축구 전문지식을 갖추고 있어야 함
- 지도자로서 정의로워야 함
- 열정적인 지도와 함께 지도자로서 솔선수범하고 겸손한 인격을 갖추고 있어야 함

Q. 005 ④
축구 스포츠지도사의 가치에 대해 설명하시오.

- 축구 전문 스포츠지도사는 교육자로서 사회적으로 매우 중요한 구성원이다.
- 축구 전문 스포츠지도사는 기술 지도뿐 아니라 인성을 지도하는 전문가로서 가치가 높다.

Q. 006 ③
축구 스포츠지도사의 신념에 대하여 말해보시오.

- 축구 전문 교육자로서 기술과 인성을 함양한다.
- 목표 의식을 통한 성취감과 자신감을 배양하여 사회 구성원으로 상호 소통할 수 있는 능력을 강화시킨다.
- 교육자로서 솔선수범하고 열정을 갖고 지도하고자 한다.

Q. 007 ①
축구 전문 스포츠지도사의 개념을 설명하시오.

- 학교 축구부, 유소년 축구클럽, 일반 축구클럽 등에 소속된 코치나 감독 등의 지도자를 말한다.
- 축구팀과 선수의 기량을 최대로 끌어올릴 수 있는 전문적 지도자를 말한다.
- 스포츠 과학을 축구에 접목하여 체계적이며, 전문적인 지도 능력을 갖춘 사람을 말한다.

Q. 008 ③
축구 전문 스포츠지도사가 되려고 하는 이유를 설명하시오. (사례 예시)

어려서부터 축구를 좋아해서 친구들과 축구를 365일 축구를 하며 살아왔다. 축구에 대한 열정이 다른 친구들보다 높았고, 기술 습득이 우수하여 축구 전문 스포츠지도사로서 지도할 수 있는 능력을 가지고 있다고 생각한다.

> **구술 정복 POINT**
> 축구 전문 스포츠지도사가 되려고 하는 자신만의 동기를 생각해본다.

Q. 009 ②
축구 전문 스포츠지도사의 소통 대상에 대해 설명하시오.

- 학생 선수와 소통
- 학부모와 소통
- 코칭 스태프와 소통
- 교장 및 교직원들과 소통

Q. 010 ④
축구 전문 스포츠지도사가 학생 선수와 소통하는 방법을 설명하시오.

- 눈높이를 학생 선수 수준으로 낮춰야 한다.
- 편견을 배제하고 인격체로 인정하면서 대화를 해야 한다.
- 관심과 궁금증을 갖고 질문을 해야 소통이 원활해지고, 지적보다는 칭찬, 충고, 격려를 통해 문제를 해결한다.

CHAPTER 04 유소년 축구

Q. 001 ③
유소년 축구 선수의 협응력 발달을 위한 가장 적절한 시기(나이)를 말하시오.

축구 기술 습득을 위한 원초적인 역할을 담당하는 협응력은 6세에서 12세까지 급상승한다.

Q. 002 ③
유소년 축구 지도 방침에 대해 말해보시오.

- 부상에 대한 안전성을 확보한다.
- 흥미 위주의 훈련프로그램을 구성한다.
- 칭찬을 통해 동기 유발을 유도하고 자신감 상승과 자기 개발을 위해 노력한다.
- 훈련 시간은 90분을 초과하지 않도록 한다.

Q. 003 ④
유소년 축구 지도자의 역할과 자질을 설명하시오.

- 연령에 맞는 훈련프로그램 적용을 통한 다각적인 신체 발달을 유도하고 건강한 정신을 함양시킨다.
- 선수 개인을 인격체로 인정하고 존중한다.
- 솔선수범과 열정을 지닌 윤리적인 지도자의 자질이 필요하다.

Q. 004 ④
유소년 축구 훈련 프로그램 계획 구성에서 고려해야 할 사항을 설명하시오.

- 연령에 따른 운동 형태, 운동 강도, 운동시간을 고려한다.
- 전면성 발달의 원리를 적용하여 유연성, 평형성, 협응력, 조정력, 민첩성, 순발력, 지구력을 강화한다.

Q. 005 ③
U-8 축구 선수 체력 트레이닝의 목표와 방법을 설명하시오.

- 조정력과 교치성 발달 운동을 통해 신경계 발달의 목표를 갖고 지도해야 한다.
- 놀이 형태의 움직임을 유도하고 활동량을 증가시켜야 한다.
- 놀이 형태의 움직임 수를 점증부하 원리를 적용해야 하고, 간단한 코디네이션은 주 5회, 1회 20분 정도가 필요하다.

Q. 006 ④
유소년 축구 훈련 단계를 설명하시오.

- 1단계: 다양하고 일반적이면서 축구에 국한되지 않은 운동 훈련
- 2단계: 축구 테크닉 훈련과 코디네이션 발달에 중점을 둔 훈련
- 3단계: 축구에 초점을 맞춘 폭넓은 개인 훈련
- 4단계: 고급 과정으로 축구 테크닉 훈련과 전술훈련

Q. 007 ④
U-12세 이하 유소년 선수 테크닉 훈련 방법을 말해보시오.

- 볼 또는 볼 없이 하는 간단한 게임
- 축구 테크닉을 익히는 놀이 활동
- 슈팅과 연결한 시합으로 동기부여와 테크닉을 습득
- 미니 게임으로 훈련의 주요 목적을 갖게 함

Q. 008 ④
U-12세 이하 유소년 코치의 조건을 설명하시오.

- 친구와 동료 선수 같아야 한다.
- 흥미를 유발할 수 있어야 한다.
- 멘토가 되어 도움을 줄 수 있어야 한다.
- 상담자와 조력자가 되어야 한다.
- 성실하고 모범적이어야 한다.

Q. 009 ③
U-8-12 축구 선수의 스피드 훈련 방법을 설명하시오.

- 스피드 훈련은 신체 발달 수준에 따라 변화를 주되 5~15m를 넘지 않아야 한다.
- 15m 달리기를 한 후 충분한 휴식을 취한다(약 1분).
- 연속적인 전력 질주는 절대 해서는 안 된다.

Q. 010 ③
U-5-6 아동을 위한 훈련 원칙을 설명하시오.

- 단순한 동작으로 훈련을 구성한다.
- 다양한 활동으로 훈련을 구성한다.
- 훈련에서 게임을 제공한다.
- 지속적으로 움직임을 유도한다.
- 아이들이 긍정적인 경험을 하도록 한다.

Q. 011 ③
U-6-8 아동의 훈련 목적을 설명하시오.

- 재미와 기쁨을 갖도록 해야 한다.
- 테크닉의 기본 요소를 충족해야 한다.
- 팀워크와 창의력을 키워야 한다.

Q. 012 ③
U-8-12 유소년 훈련 목적을 설명하시오.

- 볼을 이용한 코디네이션 훈련으로 테크닉을 강화한다.
- 흥미를 유도하는 게임과 시합으로 테크닉을 강화한다.
- 반복된 테크닉 훈련으로 기술을 습득한다.
- 훈련 과제에 초점으로 둔 미니 게임으로 테크닉을 실천한다.

Q. 013 ③
유소년에게 있어서 코디네이션의 중요성을 설명하시오.

- 코디네이션은 체력, 스피드, 지구력, 기동력 등 모든 신체 능력 발달에 가장 중요한 요소로 작용한다.
- 코디네이션 훈련 정도에 따라 기술적 움직임과 유연성 향상, 리듬감, 기술 발달에 효과적이다.
- 축구 선수의 기술 발달과 인지능력 향상에 절대적 영향을 미친다.

Q. 014 ②
유소년 지도에서 미니게임의 필요성을 설명하시오.

- 볼 터치 및 슈팅 기회가 많다.
- 볼 없이 뛰는 거리가 적어 유소년들이 흥미를 느낄 수 있어 축구에 대한 관심을 높일 수 있다.

Q. 015 ③
유소년 축구의 주요 과제를 설명하시오.

- 아이들과 축구의 즐거움을 나눔
- 아이들에게 균형 잡힌 기본 체력훈련 프로그램 제공
- 아이들에게 도전의 기회를 제공하고 격려해 줌
- 경기장 안에서 아이들에게 가르침을 제공함
- 책임감 있는 유소년 코치를 육성함

Q. 016 ③

U-14-18 유소년 축구 선수의 신체적 특성을 설명하시오.

- 근육의 성장 속도가 가속화되고 신체적 균형을 이루어 가며, 이러한 변화로 인해 향상된 조정력과 역동성을 보이기 시작한다.
- 힘과 스피드가 두드러지게 향상됨을 알 수 있다.

Q. 017 ④

U-14-18 유소년 축구 선수 훈련을 위한 코칭 포인트를 설명하시오.

- 실제 경기에서 사용할 테크닉을 훈련한다.
- 제한된 시간과 압박을 전제로 한 훈련에 초점을 맞춘다.
- 신체컨디션 훈련은 게임을 통해 형성되도록 초점을 맞춘다.
- 팀 전술훈련과 포지셔닝 훈련은 별도의 훈련을 통해 다루어져야 한다.

Q. 018 ④

U-14-18 유소년의 축구 전술훈련 지침을 설명하시오.

- 훈련 및 강도 수준은 실전 경기에서 나타나는 것과 비슷한 조건에서 전술훈련이 이뤄져야 한다.
- 전술훈련은 선수 수준을 고려하여 계획되어야 한다.
- 선수들이 훈련을 주도할 수 있는 전술을 제공해야 한다.
- 팀 전술훈련은 점차적으로 난이도를 높여야 한다.
- 코치의 시범을 포함하여 지적, 선수의 질문, 토론이 함께 계획되어야 한다.

Q. 019 ④

유소년 축구의 개인 공격 전술 지침을 설명하시오.

- 다양한 드리블과 변화의 폭을 크게 주어야 한다.
- 수비를 따돌리기 위해서 넓은 범위의 페인팅을 이용해야 한다.
- 패스를 받을 수 있도록 신호를 보내야 한다.
- 질적 패스(정확성, 강약 조절, 타이밍)를 주어야 한다.
- 압박 상황 또는 어떠한 상황에서도 볼 컨트롤을 위해 준비해야 한다.
- 변화무쌍한 슈팅을 해야 한다.

Q. 020 ④

유소년 축구 선수의 체력훈련 계획을 위한 지침을 설명하시오.

- 시합에서 요구되는 사항들을 고려하여 체력훈련이 계획되어야 한다.
- 게임을 통한 체력 요인 발달을 계획하고 움직임의 폭을 넓혀야 한다.
- 훈련의 활동량 수준은 실제 경기와 같아야 한다.
- 흥미를 유발할 수 있는 훈련이 계획되어 창의성을 증진시켜야 한다.

CHAPTER 05 장애인 축구

Q. 001
뇌성마비 국제기구에 대해 설명하시오.

IFAB(International Football Association Board): 국제축구연맹의 기구로 국제축구평의회라고 하며, 축구 규정과 경기 방식 등을 결정하는 기구이다.

Q. 002
뇌성마비 장애인 축구 경기 시간을 설명하시오.

- 경기 시간은 전·후반 각각 30분이다.
- 휴식 시간은 15분이 적용된다.

Q. 003
시각장애인의 축구 센터서클에 대해 설명하시오.

시각장애인의 축구경기장 센터서클의 크기는 두 가지로 구분할 수 있다.
- B1(전맹부): 경기의 센터서클은 반지름이 5m이다.
- B2/B3(약시부): 경기의 센터서클은 반지름이 3m이다.

Q. 004
시각장애인 축구 B1 경기 중 선수 1명이 부족할 경우 경기 진행은 어떻게 되는지를 설명하시오.

퇴장 또는 부상으로 남아있는 선수가 3명 이하인 경우 경기를 중단하지만, 1명이 부족할 경우 경기를 계속 진행한다.

Q. 005 ②
시각장애인 축구경기 중 안대를 만졌을 경우 어떻게 되는가?

경기 중 선수가 안대를 만졌을 경우 주심은 상대팀에게 간접 프리킥을 선언한다.

Q. 006 ③
시각장애인 축구경기장 규격을 설명하시오.

경기장 규격은 가로 38~42m, 세로 20~25m의 크기로 규정되어 있지만, 40m×20m 크기가 일반적으로 적용되고 있다.

Q. 007 ③
뇌성마비 장애인 축구경기장 규격을 설명하시오.

- 경기장 규격은 가로 70m, 세로 50m이며, 여성 경기의 경우 가로 40m, 세로 27m이다.
- 골대 규격은 넓이가 5m이고 높이가 2m이며, 센터서클 반경은 7m이고 여성 경기는 4m이다.

Q. 008 ③
뇌성마비 장애인 축구 경기 중 스로인 방법을 설명하시오.

볼을 경기장 안으로 1m 이내로 굴리기를 허용하며 반드시 손으로 던지자마자 경기장 안쪽 지면에 닿아야 한다.

CHAPTER 06 풋살

Q. 001
풋살 경기 중 직접 프리킥에 대해 설명하시오.

직접 프리킥 한 볼이 상대 팀 골에 직접 들어가면 득점으로 인정되고 자기 팀 골로 직접 들어가면 상대팀에게 코너킥을 주게 된다. 이때 주심은 킥하는 방향으로 한쪽 팔을 수형으로 하여 직접 프리킥 신호를 보내고 대기 심판 또는 계시원에게 누적 파울임을 표시한다.

Q. 002
직접 프리킥에 해당되는 반칙 10가지를 설명하시오.

※ 주심의 견해로 상대 선수에게 다음과 같은 반칙을 했을 때
- 차거나 차려고 하였을 때
- 상대 선수를 걸었을 때
- 상대 선수에게 뛰어 덤벼들었을 때
- 차징을 했을 때
- 때리거나 때리려고 하였을 때
- 상대 선수를 밀었을 때
- 상대 선수를 태클하였을 때
- 상대 선수를 붙잡았을 때
- 상대 선수에게 침을 뱉었을 때
- 의도적으로 볼에 손을 댔을 때

Q. 003
킥인 규정에 대해서 설명하시오.

- 풋살 경기는 볼이 터치 라인을 완전히 벗어나고 천정에 닿을 때 킥인으로 경기를 재게한다. 킥한 볼이 직접 상대 골에 들어가면 득점으로 인정하지 않는다.
- 터치아웃 지점 25㎝ 범위 안에서 킥인을 해야 하고 정지된 볼로 킥인을 해야 한다.
- 킥인 준비 후 4초 이내에 킥을 해야 하며 볼이 터치라인을 완전히 넘는 순간부터 플레이가 된다.

Q. 004
간접 프리킥에 대해서 설명하시오.

- 주심은 한쪽 팔을 수직으로 들어 간접 프리킥의 수신호를 보고 볼이 다른 선수가 터치하거나 아웃되었을 때까지 자세를 유지한다.
- 킥한 볼은 다른 선수가 터치한 경우 득점으로 인정하고 터치하지 않고 직접 골로 들어가면 상대팀에게 골 클리어런스가 부여된다.
- 간접 프리킥 한 볼이 자기 팀 골로 들어가면 상대팀에게 코너킥을 부여한다.

Q. 005
페널티킥에 대해서 설명하시오.

경기 중 수비수가 페널티 에어리어 안에서 직접 프리킥에 해당하는 반칙을 범하면 상대팀에게 페널티킥을 부여한다.

Q. 006
세컨드 페널티킥에 대해서 3가지 이상 설명하시오.

- 세컨드 페널티 마크는 골포스트 중간 10m 떨어진 저점에 그린다.
- 팀 누적 파울이 6번째부터 시작되고 직접 프리킥이며 키커는 득점 목적으로 의도로 볼을 차고 패스할 수 없다.
- 킥한 볼은 상대 팀 골키퍼가 건드리거나 골포스트, 크로스바를 맞고 나오거나 경기장 밖으로 나가기 전까지 어떠한 선수도 건드릴 수 없다.
- 상대 또는 자기 진영 중 하프라인과 세컨드 페널티 마크를 통과하는 하프라인과 평행한 가상선 사이에서 6번째 누적 파울을 범했다면 세컨드 페널티 마크에서 프리킥을 한다.
- 자신의 진영 중 가상의 10m 선과 골라인 사이에서 또는 페널티 에어리어 밖에서 6번째 누적 파울을 범했을 경우 공격하는 팀은 세컨드 페널티 마크에서 킥할지 아니면 반칙을 범한 위치에서 프리킥할지를 결정한다.

Q. 007
골대 규격에 대해서 설명하시오.

- 골포스트 3m, 크로스바 2m
- 골포스트와 크로스바 굵기는 8cm
- 골라인 중앙에 설치한다.
- 골대의 색상은 지면과 달라야 한다.

Q. 008
볼 규격에 대해서 설명하시오.

- 4호 볼이며 승인된 재질의 둥근 모양
- 둘레는 62~64cm
- 무게는 400~440g
- 공기 압력은 해수면에서 0.6~0.9기압
- 바운드는 2m 높이에서 떨어뜨렸을 때 50~65cm

Q. 009
풋살 경기장 규격을 설명하시오.

경기장 규격은 가로 38~42m, 세로 20~25m의 크기로 규정되어 있지만, 40m×20m 크기가 일반적으로 적용되고 있다.

Q. 010
팀 구성에 대해서 설명하시오.

- 1팀 인원은 5명 이하로 구성한다.
- 선수 1명은 골키퍼이다.
- 1팀 선수가 3명보다 적은 경우 경기를 시작할 수 없다.
- 경기 중 3명보다 적은 팀은 경기를 포기해야 한다.

Q. 011
선수 교체 인원과 횟수를 구체적으로 설명하시오.

- FIFA 등 국제 경기는 9명까지 교체 가능하다.
- 선수 교체 횟수는 무제한이다.
- 국가 대항전의 경우 10명까지 교체, 기타 대회는 참가 팀들이 협의하여 결정할 수 있다.
- 주심에게 통보하지 않았거나 경기 전 합의가 안 된 경우 9명까지 교체 가능하다.

Q. 012
골키퍼 교체 절차를 설명하시오.

- 골키퍼 교체는 경기 중 심판에게 알리지 않고 경기 중 교체가 가능하다.
- 어떤 선수도 골키퍼와 위치를 바꿀 수 있다. 다만 경기가 중단되었을 때 위치를 바꾸어야 하고 주심에게 알려야 한다.

Q. 013 ⑤
코칭 과정 10가지에 대해서 설명하시오.

- 선수, 장비, 경기장, 시간에 대한 조직 구성
- 설명: 훈련 방법, 내용, 목표 전달
- 시범: 훈련 내용을 숙지하고 정확한 동작으로 시범
- 관찰: 선수의 움직임 및 동작
- 문제점 발견: 훈련의 본질을 벗어났을 때
- 정지: 잘못된 상황을 인지시킴
- 수정: 잘못된 점 수정 보완
- 시범: 수정할 부분 시범을 보임
- 재개: 수정 보안 후 다시 훈련 진행
- 토의: 훈련에 대한 평가

Q. 014 ③
코칭 방법에서 2-2 시스템에 대해서 설명하시오.

- 쉽게 습득할 수 있는 시스템이지만 공격 시 마무리할 수 있는 공간이 부족하다는 단점이 있다.
- 선수와 선수 간격이 넓어 공수 전환에 문제가 많다.
- 역습 공격이 수월하고 깊은 수비 형태에서는 장거리 슈팅이 수월하다.

Q. 015 ③
코칭 방법에서 1-2-1 시스템에 대해서 설명하시오.

- 공격 시 공간이 많아 피벗 플레이의 중요성이 강조된다.
- 상대 선수가 슛할 때 골키퍼 시야를 방해한다는 단점이 있지만 서포트가 수월하다.
- 공격에서 수비로 전환할 때 재정비하기가 수월하다.
- 포지션을 자유롭게 운용하기 좋다.

Q. 016 (04)
코칭 방법에서 3-1 시스템에 대해서 설명하시오.

- 공격 시 좌우 공간이 많다.
- 1-2-1시스템과 유사하나 공격 시 로테이션이 쉽지 않다.
- 피벗과 앵커의 역할이 매우 중요하다.
- 수비 형태는 다이아몬드 대형을 유지해야 한다.
- 공격에서 수비로 전환하여 수비 재정비가 수월하다.
- 상대 선수가 슛할 때 골키퍼 시야를 방해한다.
- 원활한 의사소통이 중요하다.

Q. 017 (03)
풋살 경기에 필요한 기술 종류 5가지를 설명하시오.

- 패스
- 리프팅
- 드리블
- 헤더
- 슈팅

Q. 018 (03)
피벗(Pivot) 유형에 대해서 설명하시오.

- 고정 피벗: FW를 말하며 중앙에서의 움직임을 통해 볼 관리, 공간 창출, 골문 앞에서의 공간 확보
- 움직이는 피벗: 선수 4명이 로테이션하여 피벗 역할 수행
- 속임수 피벗: 사이드 플레이어를 말하며, 움직임을 통해 공간 확보 및 제공하여 득점하는 데 기여

Q. 019 ③

테크닉의 원칙에 대해서 설명하시오.

- 패스: 상황인지, 아이콘택트, 정확성, 강약 조절, 타이밍, 속임수, 선택
- 컨트롤: 상황인지, 퍼스트 터치(first touch), 발밑에 소유, 보디포지션, 공격적 이동
- 드리블: 바른 자세, 방향 전환, 스피드 변화, 다양한 터치, 페인팅, 헤드업
- 슈팅: 골대 및 골키퍼 위치를 확인하고 헤드업을 통한 상황인지와 보디 포지션, 발목 고정, 빠른 타이밍, 슈팅의 정확성이 요구됨

Q. 020 ③

경기 중 공수 전환에 있어서 상대방이 볼을 소유하고 있을 때 수비의 원칙을 설명하시오.

- 공격 지연의 목적
- 공격에서 수비 지역으로 빠르게 전환
- 맨투맨 또는 지역 방어가 구분되어야 함
- 상대방 패스를 차단하는 목적을 가짐

Q. 021 ③

경기 중 공수 전환에 있어서 우리 팀이 볼을 소유하고 있을 때 공격의 원칙을 설명하시오.

- 빠른 역습 공격이 필요
- 볼 점유율을 높여야 함
- 선수 간 의사소통이 원활해야 함
- 득점 상황에서 반드시 득점을 해야 함

Q. 022 ③

유소년 축구 경기시간과 하프타임 휴식시간을 설명하시오.

- 전후반 각각 25분
- 하프타임 휴식 시간은 10분이며 15분을 초과할 수 없음

Q. 023 ③

유소년 선수 훈련 프로그램 구성 시 고려해야 할 사항을 설명하시오.

- 연령에 따른 운동 강도
- 운동 형태
- 운동 시간
- 운동 경력
- 성별

위 사항을 고려하여 전면성 발달의 원리를 적용하여 유연성, 민첩성, 순발력, 지구력, 협응력을 발달시켜야 한다.

Q. 024 ③

3대 영양소를 설명하시오.

- 탄수화물
- 지방
- 단백질

Q. 025 ④

유소년 축구 지도자의 철학과 소신을 설명하시오.

- 재미 위주의 훈련을 통해 축구와 친해질 수 있는 분위기를 조성
- 전면성 발달의 원리를 이용하여 신체 전 부위가 발달되도록 훈련을 구성
- 책임감, 협동심, 소통하는 방법과 인성을 함양할 수 있는 지도 철학을 지님

Q. 026 ④

유소년 축구 훈련 후 피로 회복을 위한 방법을 설명하시오.

- 운동 강도 60% 수준보다 낮은 강도에서 주로 사용하였던 근육과 관절 위주로 정리 운동을 해야 한다.
- 운동 시간은 20-30분 적용한다.
- 운동 후 따뜻한 물로 5분 샤워하고 5-10분 탕에 들어가 근육을 이완시킨다.
- 충분한 영양섭취와 휴식 그리고 8시간 이상 숙면을 취한다.

CHAPTER 07 공통질문

1 생활체육

Q. 001 [04]

생활체육의 필요성을 3가지 이상 설명하시오.

- 생활체육은 인간의 여가시간을 건설적, 교육적으로 선용하는 기회를 제공하며 건전한 사회적 풍토를 조성하는 데 기여한다.
- 생활체육은 운동시간이 부족한 현대인들에게 필요한 적정량의 신체활동 기회를 제공하여 건강 증진과 강한 체력을 육성한다.
- 생활체육은 현대사회의 각종 병리 현상으로 인하여 발생하는 걱정, 갈등, 열등감, 죄의식, 우울증 및 공격성을 해소시킬 수 있다.
- 생활체육은 팀워크, 공동체 의식 강화, 사회적 결속 등을 통하여 원만한 사회생활을 영위할 수 있도록 돕는다.

Q. 002 [03]

생활체육의 기능을 생리적, 심리적, 사회적 측면으로 구분하여 말하시오.

- 생리적 기능 측면에서 심장병이나 고혈압 등 성인병 예방과 치료에 도움이 된다.
- 심리적 기능 측면에서 체육활동은 일반적으로 긴장, 공격성 및 좌절과 같은 파괴 본능을 안전하면서도 효과적으로 방출하기 위한 수용력을 가지고 있다. 즉, 긴장 및 갈등의 해소에 도움이 된다. 또한 체육활동은 강한 연대의식, 우애, 소속감, 친밀감의 감정을 유발시킬 수 있다.
- 사회적 기능 측면에서 생활체육은 사회구성원에게 그 사회의 생활 원리와 조화를 이루어 행동하며 살아가도록 사회화시킨다. 또한, 각기 다른 개성과 이해를 지닌 이질적인 개인을 공동체로 융화하여 화합시키는 기능을 지니고 있다.

Q. 003 ②
생활체육이 무엇인지 설명하시오.

- 국민의 건강, 복지 증진, 여가선용을 위한 자발적 참여에 의한 범국민적 사회운동이고 삶을 위한 신체활동을 의미한다.
- 1주일 동안 규칙적으로 신체활동을 하는 사람을 생활체육 동호인이라고 한다.

Q. 004 ②
생활체육의 3가지 요소를 설명하시오.

- 시설 및 장소
- 운동프로그램
- 지도자

Q. 005 ②
생활체육지도자의 개념을 설명하시오.

국민 또는 생활체육에 참가하는 사람들에게 건강과 신체활동을 위해 안내하고 전문 종목의 기술과 지식을 가르치며 관리하는 사람을 말한다.

Q. 006 ③
생활체육의 목적을 설명하시오.

- 신체적 건강과 정신적 건강 증진
- 윤택한 삶을 영위하고 즐거움 추구
- 운동 기술 습득
- 시민정신 함양
- 사회성 강화

Q. 007 ③
생활체육인을 지도할 때 유의 사항을 설명하시오.

- 올바른 지도 철학으로 지도한다.
- 편견을 버리고 공평한 지도를 한다.
- 의사 전달이 명확해야 한다.
- 지도받는 사람 위주의 지도가 필요하다.
- 연구하고 공부하는 지도자가 되어야 한다.

Q. 008 ③
생활체육의 범위를 설명하시오.

- 경쟁적 게임: 축구, 농구 등과 같이 팀 스포츠로서 경쟁 의식을 갖고 참여하는 체육활동
- 레저 활동: 캠핑, 등산 등과 같은 야외 활동
- 리듬 운동: 음악에 맞춰 실시하는 리듬 체조, 에어로빅 등
- 체력 운동: 보디빌딩, 건강 체조, 조깅 등

Q. 009 ②
생활체육에서 축구 활성화 방안을 설명하시오.

- 경쟁적 의식보다는 건강증진 목적으로 참여한다.
- 운동능력 극대화를 위해 회원 간 정보 교환을 한다.
- 동호인 간 대회 개최를 통해 즐거움을 제공한다.
- 팀 간의 상호 교류전을 통해 참여 인원을 증가시킨다.

Q. 010 ④
생활 및 전문 체육지도자의 자질 3가지 이상을 설명하시오.

- 전문적 지식
- 윤리와 도덕적 품성
- 투철한 사명 의식
- 올바른 지도 철학
- 존중과 공정성
- 명확한 의사 전달 능력

Q. 011 ①
음주가 운동에 미치는 영향을 설명하시오.

- 사고력 및 판단력 감소
- 심박수 증가에 따른 혈압 상승
- 과다한 칼슘 방출로 인한 골다공증 유발
- 비타민 D 부족으로 골다공증 유발

Q. 012 ③
기초대사량을 설명하시오.

생명을 유지하는 데 필요한 최소한의 에너지량을 말하며, 심장박동, 호흡, 체온 유지, 이뇨 작용, 소화 등의 기본적인 신진대사에 쓰이는 에너지 소모량을 말한다.

Q. 013 ⓜ
탈수 현상으로 인해 인체에 나타나는 현상 3가지를 설명하시오.

- 운동 수행 능력 감소
- 근수축과 경련
- 체온 조절 능력 상실
- 낮은 산소 섭취
- 혈장과 혈액용적 감소

구술 정복 POINT
운동 중에 체내 온도가 올라가면 과열을 예방하기 위해 발한량을 증가시킬 때 땀을 생성하고 증발을 통해 심한 발한이 발생한다.

Q. 014 ⓜ
운동생리학의 필요성을 설명하시오.

- 체계적이고 과학적 훈련 방법 적용으로 인체의 기능적 변화에 대한 원인을 탐구하기 위해
- 인체의 발육 발달과 경기력 향상에 도움이 되기 때문에
- 운동에 대한 반응과 적응에 대한 원인 규명을 위해
- 건강 관련 지식 습득이 가능하기 때문에

Q. 015 ⓜ
운동 후 효과적인 영양섭취 방법을 설명하시오.

- 축구 경기와 같이 격렬한 운동 후 고탄수화물 음식을 섭취하는 것이 바람직하다.
- 육류와 튀김 종류의 음식은 단백질량이 포함되어 있지만, 지방이 많아 피로 회복에 저해가 된다.
- 단백질 섭취는 피로가 어느 정도 제거가 된 이후 단백질이 풍부한 육류와 생선류를 섭취하는 것을 권장한다.

Q. 016 02
운동생리학 측면에서 반응과 적응을 설명하시오.

- 반응: 단발적 운동에 따른 신체적 변화를 말한다.
- 적응: 지속적 운동에 의한 신체적 변화를 말한다.
  > **예** 축구 선수가 되기 위해 30m 달리기 테스트를 하고 심박수가 급격하게 증가하는 일시적 신체 변화를 반응이라고 하고, 축구부에 가입하여 장기간 규칙적인 트레이닝 후 30m 달리기를 하였을 때 심박수가 트레이닝 전에 비해 감소하는 현상을 적응이라고 한다.

Q. 017 02
인체의 항상성을 설명하시오.

외부 또는 내부환경에서 생명을 유지하고 지키기 위해 인체 조절 시스템을 가동시켜 안정성을 유지하려는 성질을 인체의 항상성이라고 한다.

Q. 018 03
에너지 대사 과정에서 동화작용을 설명하시오.

- 세포가 호르몬, 효소, 단백질 등 여러 가지 복잡한 물질을 합성하는 과정을 말한다.
- 섭취한 음식물이 체내에서 화학변화를 통해 고분자 화합물로 합성되는 과정이고, 에너지를 흡수하고 저장하는 과정을 말한다.

Q. 019 03
에너지 대사 과정에서 이화작용을 설명하시오.

- 세포의 기능을 발휘하기 위해 에너지를 세포에 공급하는 과정을 말한다.
- 체내의 복잡한 물질이 간단한 물질로 분해되는 과정이고, 에너지를 방출하고 소비하는 과정을 말한다.

Q. 020
아데노신 3인산(ATP)을 설명하시오.

- 인체가 사용하는 에너지의 형태를 말한다.
- ATP는 1개의 아데노신과 Pi라 불리는 3개의 무기인산으로 구성되어 있다.
- ATP는 대사 작용을 위한 에너지 근원이며 운동 시 근수축에 사용되는 화학적 에너지원이다.
- ATP는 아데노신 2인산(ADP)과 무기인산(Pi)으로 분해하면서 에너지를 생성한다. 이때 분해 작용을 촉진하는 효소를 ATPase라고 한다.
- ATP는 섭취한 음식을 탄수화물, 지방, 단백질 형태로 저장하였다가 화학적 분해 작용에 의해 에너지원으로 동원한다.

구술 정복 POINT

ATP는 3가지 에너지 시스템을 통해서 생산된다.
- **ATP-PCr 시스템:** 인원질 과정 시스템(ADP와 Pi로 분해될 때 에너지 발생)
- **젖산 시스템:** 무산소성 해당작용(산소가 사용되지 않으면서 해당작용이 진행되면 피루브산은 젖산으로 전환)
- **산화 시스템:** 유산소성 해당작용(산소 유무에 상관없이 해당작용은 진행, 산소가 있을 때는 젖산이 아니라 아세틸 코엔자임으로 전환), 크렙스 회로(TCA 회로)

Q. 021
에너지 공급 시스템을 설명하시오.

- 산소를 이용하지 않고 ATP 합성을 하는 무산소성 과정과 산소를 이용하여 ATP를 합성하는 유산소성 과정으로 구분한다.
- ATP 생성은 ATP-PC 시스템, 젖산 시스템, 유산소 시스템 3가지가 있다.

Q. 022

ATP 생성을 위한 무산소성 과정에서 ATP-PC 시스템을 설명하시오.

- ATP-PC 시스템은 인원질 과정 시스템으로 불린다.
- ATP 생성이 가장 빠르고 쉽다.
- 10초 이내의 고강도 운동에 동원되는 에너지 시스템이다 (슈팅, 30m 달리기, 점프 헤딩, 골대 앞 1대1 상황에서의 몸싸움 등).
- PCr이 크레아틴(Cr)과 무기인산(Pi)으로 분해되면서 발생하는 에너지를 이용하여 재합성되는 것이다.
- 크레아틴(Cr)과 무기인산(Pi) 분해는 크레아틴키나아제에 의해 관장된다.

Q. 023

ATP 생성을 위한 무산소성 과정에서 해당과정 시스템을 설명하시오.

- 탄수화물 대사 작용에 의해 에너지를 공급받으며 근육 속 글루코스가 피루브산으로 분해되는 무산소성 생성 과정이다.
- 피루브산이 젖산으로 전환되어 에너지를 생성하게 되고 간에서 코리 사이클(Cori cycle) 과정을 거쳐 글루코스로 전환하여 에너지원으로 재사용한다.
- 운동 시작에서 약 3분까지 이뤄지는 무산소성 과정이다.
- 젖산은 휴식기에 간에서 glycogen으로 전환이 되고, 만일 산소 공급이 된다면 피루브산은 젖산으로 전환되는 것이 아니라 Acetyl CoA로 전환되어 미토콘드리아로 이동하여 유산소 시스템으로 들어가게 된다.

Q. 024

ATP 생성을 위한 유산소성 시스템을 설명하시오.

- 3분 이상 운동 시 사용되는 에너지 대사 과정을 말한다.
- 산소를 이용하여 체내에 저장된 glycogen과 지방을 분해시켜 ATP를 합성하는 에너지 시스템이다.
- 산소 공급으로 인하여 미토콘드리아에서 산화를 통해 ATP를 공급하고 포도당, 당원, 지방산, 아미노산 등 영양소가 산화되어 Acetyl Coenzyme A가 되고 ATP를 생성한다.
- 포도당 + 산소 → CO_2 + H_2O + 38ATP
- 38개의 ATP를 생산하여 사용하기 때문에 ATP에 대한 효율성이 높다.

Q. 025
생체 에너지원으로 사용되는 탄수화물에 대해 설명하시오.

- 산소 없이 에너지 생성이 가능
- 인체에서 가장 신속하게 에너지를 공급하는 에너지원
- 고강도 운동에 사용되는 에너지원
- 탄수화물 1g당 약 4kcal 에너지 생성
- 단당류, 이당류, 다당류의 형태로 구성

Q. 026
생체 에너지원으로 사용되는 지방에 대해 설명하시오.

- 유산소성 운동에 동원되는 에너지원
- 저강도 장시간 운동에 사용되는 에너지원
- 지방 1g당 약 9kcal 에너지 생성
- 중성지방, 지방산, 글리세롤, 인지질, 스테로이드의 형태로 저장

Q. 027
생체 에너지원으로 사용되는 단백질에 대해 설명하시오.

- 단백질 1g당 약 4kcal 에너지 생성
- 근육세포 내에서 대사 매개 물질로 전환
- 대부분 에너지원으로 사용되지 않고 근육 형성을 위한 원료로 사용

Q. 028
골격근의 기능에 대해 설명하시오.

- 운동과 호흡 기능
- 자세 유지 기능
- 체온 유지 기능
- 인체 운동의 수의적 조절 기능

구술 정복 POINT
골격근은 근육의 모양상 횡문근이고, 기능상 수의근이다.

Q. 029 ③
골격근 구조를 설명하시오.

- 근육 맨 바깥쪽에는 근육을 싸고 있는 근외막이 있다.
- 근육은 근다발 형태로 구성되어 있고, 근다발은 여러 개의 근섬유로 구성되어 있다.
- 근섬유는 근원섬유의 다발을 갖고 있고 근원섬유는 마이오신과 액틴으로 구성되어 근수축과 이완에 작용한다.

Q. 030 ③
근육의 종류를 설명하시오.

- 근육의 종류는 골격근, 평활근, 심장근이 있다.
- 골격근(뼈대근): 대뇌의 지배를 받아 의식적으로 근육의 수축과 이완 작용에 관여하는 수의근이 있다.
- 평활근(내장근): 심장근을 제외한 모든 내장근으로 자율신경계의 지배를 받아 무의식적으로 조절되는 불수의근이 있다.
- 심장근(심근): 자율신경계의 지배를 받아 무의식적으로 조절되는 불수의근이며 심장벽을 만드는 근육이 있다.

Q. 031 ③
근섬유의 종류와 특성을 설명하시오.

- 근섬유의 종류는 지근과 속근으로 나누어진다.
- 지근섬유(Type I): 산소 저장 역할을 하는 미오글로빈 함량이 높아 적근이라고 한다.
- 속근섬유: Type IIa와 Type IIx 섬유로 나누어진다. 흰색을 띠고 있어 백근섬유라고 부르고, 에너지 생성 속도가 빠르고 피로에 대한 내성이 낮다. 단시간 고강도 운동에 적합하여 젖산에 대한 내성이 높다.

Q. 032 04
근수축의 종류와 특성을 설명하시오.

- 근수축은 등척성 수축, 등장성 수축, 등속성 수축으로 구분할 수 있다.
- 등척성 수축: 근육의 길이와 관절의 각도가 변하지 않으면서 일어나는 근수축 형태를 말한다.
- 등장성 수축: 고정된 중량 부하로 근육의 길이가 변화하면서 힘을 생성하는 수축 형태를 말한다.
- 등속성 수축: 일정한 관절 가동 범위와 속도로 최대 근력을 발휘하는 수축 형태를 말한다.

Q. 033 02
등척성 수축의 장점과 단점을 설명하시오.

- 장점: 장비가 필요 없고 언제 어디서든 할 수 있는 운동으로 부상 위험이 적어 재활 운동 초기에 주로 활용한다.
- 단점: 근력 및 근지구력 효과가 낮고 관절 운동 범위가 제한적이다.

Q. 034 02
등장성 수축의 장점과 단점을 설명하시오.

- 장점: 중량을 자유롭게 조절하여 근력 향상에 효율적이며 다양한 운동 방법 적용이 가능하다.
- 단점: 고강도 운동으로 인한 부상 위험성이 높다.

Q. 035 02
등속성 수축의 장점과 단점을 설명하시오.

- 장점: 부상 위험이 적고 일정한 운동 범위와 속도 운동이 가능하여 최대근력 발달이 가능하다.
- 기계 가격이 비싸서 쉽게 접하기 어렵고 전문가의 도움을 받아야 한다.

Q. 036 02
스포츠 심장이 무엇인지 설명하시오.

장기간 지구적 운동에 의한 심장의 크기가 크고 심실벽이 두꺼워져 심장 기능이 일반인들에 비해 우수한 것을 말한다.

Q. 037 ③
심장의 구조와 기능을 설명하시오.

- 2개의 심방과 2개의 심실 그리고 판막이 있다.
- 심방은 우심방과 좌심방으로 구분하며 혈액의 펌프 역할을 담당한다.
- 심실은 우심실과 좌심실로 구분하고 혈액의 혼합을 방지하는 역할을 담당한다.
- 판막은 혈액 역류를 방지하는 기능을 담당한다.

Q. 038 ③
인터벌 트레이닝과 반복 트레이닝을 비교 설명하시오.

- 반복 트레이닝: 완전 휴식에 의한 반복 트레이닝을 말하는 것으로 단거리 무산소성 향상 트레이닝에 적합하다.
- 인터벌 트레이닝: 불완전 휴식에 의한 반복 트레이닝으로 지구력 향상에 적합하다.

Q. 039 ③
서킷 트레이닝을 설명하시오.

순환운동 형태로 운동 종목의 특성을 고려하여 훈련 방법을 선택할 수 있고 민첩성, 순발력, 지구력, 근력, 근지구력 등 전면적 트레이닝이 가능하다.

Q. 040 ②
성장 호르몬을 설명하시오.

- 뇌하수체 전엽에서 분비되는 호르몬이다.
- 체내에서 뼈, 연골 등의 성장에 관여하고, 지방 분해와 단백질 합성으로 근육 증가 등 성장 촉진에 도움을 준다.
- 혈중 포도당 이용이 감소하여 인슐린 활성을 억제한다.

Q. 041 ②
인슐린 호르몬을 설명하시오.

췌장 랑게르한스섬에 있는 베타 세포에서 분비되는 호르몬으로써 체내의 대사 작용에 관여하고 혈당을 낮추는 기능을 담당한다.

Q. 042 ③
호흡의 기능을 설명하시오.

- 호흡은 흡기와 호기로 구분한다.
- 흡기: 대기 산소를 인체 내로 들여오는 과정을 말한다.
- 호기: 세포에서 생성된 이산화탄소를 대기로 내보내는 과정을 말한다.

Q. 043 ③
혈액순환을 위한 폐순환과 체순환을 설명하시오.

- 폐순환: 이산화탄소 농도가 높은 혈액이 폐를 순환하면서 이산화탄소를 배출하고 산소를 받아들이는 과정으로써 "우심실 → 폐동맥 → 폐 → 폐정맥 → 좌심방"으로 순환되는 과정을 말한다.
- 체순환: 산소 농도가 높은 혈액이 몸 전체를 순환하면서 산소를 전달하는 과정으로써 "좌심실 → 대동맥 → 모세혈관 → 대정맥 → 우심방"으로 순환되는 과정을 말한다.

Q. 044 ③
운동역학의 필요성을 설명하시오.

- 과학적인 지식을 기반으로 운동학습 효과를 극대화한다.
- 과학적인 지식을 기반으로 경기력 향상에 기여한다.
- 인체의 움직임에 대한 원리를 이해하고 현장 실기 지도에 적용하여 효과적인 훈련을 위해 필요하다.

Q. 045 ②
해부학적 자세를 설명하시오.

- 시선은 전방을 향하고 인체를 곧게 세운 직립 자세로, 팔은 몸통 양옆으로 자연스럽게 늘어뜨린 상태에서 손바닥을 펴 앞을 향하도록 한 자세이다.
- 인체의 부위별 위치와 운동 동작에서 기준이 되는 자세를 말한다.

Q. 046 ②
관절 운동에서 굴곡과 신전에 대해 설명하시오.

- 관절 운동은 근육의 수축과 이완을 통해 관절의 움직임을 유도하는 운동을 말한다.
- 굴곡: 근수축에 의해 관절 각도가 좁아지는 현상
- 신전: 근수축에 의해 관절 각도가 넓어지는 현상

구술 정복 POINT
인체의 관절 운동

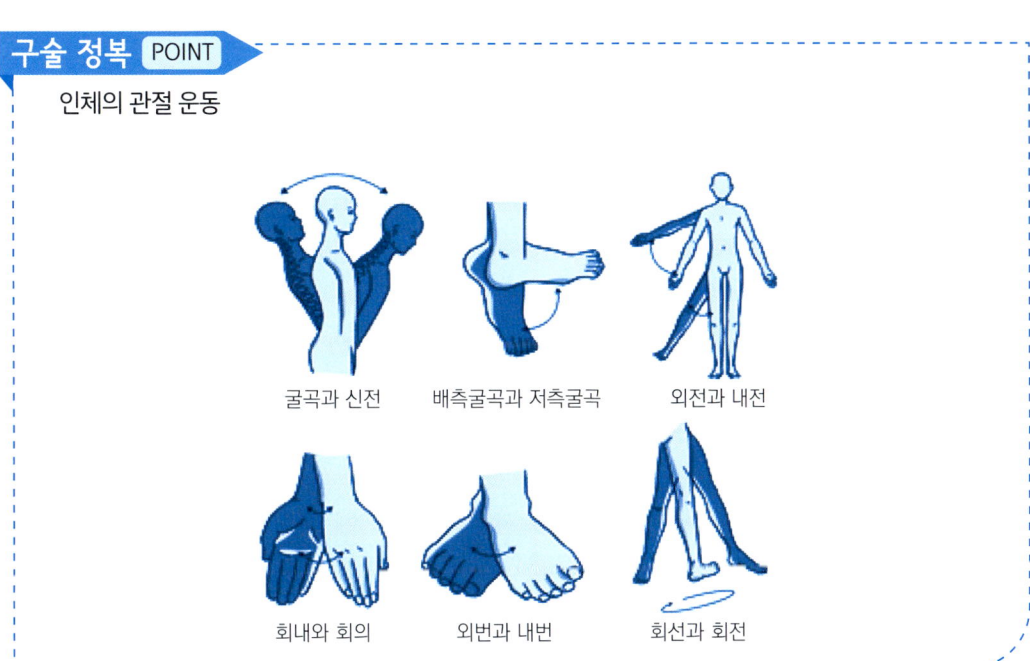

굴곡과 신전 　 배측굴곡과 저측굴곡 　 외전과 내전

회내와 회외 　 외번과 내번 　 회선과 회전

Q. 047 ③
인체의 안정성에 대하여 설명하시오.

- 인체와 물체가 정적 또는 동적 자세의 균형을 유지하는 상태를 말한다.
- 기저면이 넓을수록 안정성이 좋다.
- 무게 중심이 낮고 무거울수록 안정성을 확보한다.
- 인체의 수직 중심선이 기저면 중앙에 가까울수록 안정성을 확보한다.

참고문헌

- 게로 비찬츠, 노어베르트 비에트(2008). 청소년 축구 교본. 서울: 대한미디어
- 김기영(2011). 트레이닝의 이론과 실제. 북코리아
- 김창규(2021). 스포츠트레이닝의 주기화. 대한미디어
- 문개성, 김동문, 서정석(2023). M스포츠지도사. 서울: 박영사
- 알프레드 바알(1999). 축구의 역사. 서울: 시공사
- 운동생리학회(2014). 운동생리학. 서울: 한미의학
- 운동생리학회(2018). 스포츠 트레이닝. 라이프사이언스
- 이대택, 이동우, 윤성원, 이명천(2007). 축구 트레이닝·코칭. 서울: 대한미디어
- 이명천, 김명기, 김영수, 윤병곤, 이건재, 이대택, 차광석(2012) 대학생을 위한 스포츠영양학. 라이프사이언스
- 일신 서적 편집실(1980). 축구 교본. 서울: 일신정판사
- 임태희, 배준수, 권오정, 윤미선(2021). 스포츠 심리학. 서울: 박영사
- 장승규(2021). 축구 장애인축구 풋살. 서울: 지식닷컴
- 장재훈(2016). 축구 원리. 광주: 인맥스디자인
- 홍관이, 장재훈, 허선(2008). 체력 트레이닝론. 서울: 대경북스